Im Paradies der Stille

Im Paradies der Stille

Gutes aus dem Kloster
für Leib und Seele

HERDER

FREIBURG · BASEL · WIEN

Inhalt

Klöster sind Gärten
der Stille

David Steindl-Rast OSB

Stille ist nicht nur eine Eigenschaft der Um-
welt, sondern vor allem eine innere Haltung, die
Haltung des Hinhorchens. Nur in dieser Stille
wird es uns möglich sein, den sanften Atem des
Friedens zu hören, die Musik der Sphären, die
allumfassende Harmonie, in der zu tanzen wir
hoffen.

„TRITT EIN IN DIE FREUDE DEINES HERRN"

Pater Elias Stoffels OSB, Maria Laach

An jedem Morgen führt mich der erste Weg in die Sakristei unserer Abteikirche. Seitdem ich Sakristan bin, ist sie für mich zu einem besonderen Ort geworden, an dem ich gerne meinen Tag beginne. In den Jahren vor dem Ersten Weltkrieg von Mitbrüdern im Stil der Beuroner Kunst ausgemalt, hat sie eine Atmosphäre, die mich jeden Morgen neu anspricht. Unaufdringlich begegnen mir die Gemälde in ihren gedämpften Farben, laden mich zum Betrachten und Verweilen ein und lassen so den Tag beginnen, bevor mich die Geschäftigkeit des Alltags in Beschlag nimmt. Und wenn nach Sonn- und Festtagen der Duft des Weihrauchs von der Vesper des Vortags durch den Raum weht, wird das Sakrale dieses Ortes noch intensiver spürbar.

In der Stille des Morgens kann ich hier den vor mir liegenden Tag anschauen und mich auf das einstellen, was mir voraussichtlich begegnen wird. Gleichzeitig kann ich mich auf das vorbereiten, was unerwartet auf mich zukommt. Für mich ist die Sakristei weitaus mehr als ein Arbeitsplatz, es ist ein Ort der Meditation, an dem ich, bevor das allzu Alltägliche um sich greift, meinen ganz persönlichen Tag beginnen kann.

Nach dem Öffnen der Kirchenportale und dem Entzünden der ersten Lichter in der Kirche sitze ich, bis das Chorgebet des frühen Morgens beginnt, gerne auf einer Bank in der Sakristei und betrachte das Gemälde der Darstellung des Herrn; es lädt ein, auch über das eigene Leben und Dasein nachzudenken. Zwei der dort dargestellten Personen richten den Blick in den Raum. Simeon schaut mit ernster Miene in weite Ferne; er ahnt bereits und hat es Maria vorausgesagt, dass dieses Kind, das er in seinen Händen hält, keine leichte Zukunft haben wird: „Er wird ein Zeichen sein, dem widersprochen wird" (Lk 2,34). Doch das eigentlich Faszinierende ist der Blick des kleinen Jesus in seinen Armen: Er ist auf die gegenüberliegende Seite der Sakristei gerichtet, wo er in einer großen Kreuzigungsdarstellung bereits mit seinem schicksalhaften Tod konfrontiert wird. Er sieht sich praktisch selbst schon am Kreuz die Welt erlösen, sieht voraus, wie sein irdisches Leben enden wird. Dieses Bild lädt auch mich ein, vorauszuschauen in die vor mir liegende Zeit: auf den Tag, die Woche, das Jahr, die noch vor mir liegende Lebenszeit.

Und wenn ich dann zum Chorgebet aus der Sakristei in die Kirche gehe, öffnen mir die Worte, die in großen Buchstaben über der Tür stehen, den Weg in das gemeinschaftliche Gebet mit den Mitbrüdern und in die Gegenwart dessen, der hier Wohnung genommen hat: „Intra in gaudium Domini tui", „Tritt ein in die Freude deines Herrn" (vgl. Mt 25,21). Hier, an diesem Ort den Tag beginnen zu können, erlebe ich als ein großes Privileg. In der Stille und Ausstrahlung dieses Raumes wird selbst das Arbeiten zu einem spirituellen Erleben; die Ruhe nimmt einen praktisch in Beschlag und überträgt sich auf das eigene Tun. So ist die Sakristei mein Kraftort, den ich auch im Laufe des Tages immer wieder gerne besuche – zum Arbeiten und zum Verweilen.

Die himmlische Leiter

Benediktusregel 7,5–8

Brüder, wenn wir also den höchsten Gipfel der Demut erreichen und rasch zu jener Erhöhung im Himmel gelangen wollen, zu der wir durch die Demut in diesem Leben aufsteigen, dann ist durch Taten, die uns nach oben führen, jene Leiter zu errichten, die Jakob im Traum erschienen ist. Auf ihr sah er Engel herab- und hinaufsteigen. Ganz sicher haben wir dieses Herab- und Hinaufsteigen so zu verstehen: Durch Selbsterhöhung steigen wir hinab und durch Demut hinauf. Die so errichtete Leiter ist unser irdisches Leben. Der Herr richtet sie zum Himmel auf, wenn unser Herz demütig geworden ist.

PAUSE IM THEATERSTÜCK DES LEBENS

Klaus Sonnleitner,
Augustiner Chorherrenstift St. Florian

Im Augustiner Chorherrenstift St. Florian bei Linz an der Donau gibt es ein Gästehaus. Es befindet sich direkt im Stiftsgebäude – in einem Trakt, der im 18. Jahrhundert das „Komödienhaus" beherbergte, also ein Stiftstheater. Davon sind allerdings nur noch die Rechnungen über die Anschaffung diverser Kulissen erhalten. Denn bald benötigte man mehr Wohnraum für Angestellte und Gäste, und es wurde umgebaut. Zum Theaterspielen boten sich ohnehin noch andere Möglichkeiten, zum Beispiel die „Sala terrena", der Gartensaal, an den der Prälatengarten angrenzt.

Über die italienisch anmutenden barocken Arkadengänge mit gediegenen Granit- und Sandsteinböden gelangt man zu den einfachen, aber zweckmäßigen Zimmern. Schon auf dem Weg dorthin verirren sich manche Gäste. Aber einmal im „Brunnenhaus" mit antikem Mobiliar, tickender Standuhr und plätscherndem Marmorbrunnen angelangt, ist das Ziel nicht mehr fern.

Das Gästehaus ist ein sehr und passender Ort für Seminare und Fortbildungen und wird außerdem gerne von Einzelreisenden als Stützpunkt genutzt. Denn in einem „echten Kloster" ist es einfach „anders" als im modernen Hotelbetrieb. Das Lernen, Leben und Erfahren bekommt eine andere Qualität. Ja, schon der bloße Aufenthalt bringt einen „Mehrwert" – man taucht ja gewissermaßen ein in eine andere Welt, in der es viel zu entdecken gibt. Viele wissen das zu schätzen.

Besonders im Winterhalbjahr, wenn keine Touristen die Stiftshöfe und die Basilika bevölkern, breitet sich die Stille über den Klosterbezirk. Das Geläute der Glocken in den Stiftstürmen zu bestimmten Zeiten sowie der viertelstündliche Stundenschlag strukturieren den Tag. Sie verleihen dem Augenblick ein besonderes Gepräge, auch in der Nacht. Manche dieser ehrwürdigen Musikinstrumente, die außerdem Beispiele erlesener Handwerkskunst sind, erklingen seit über 700 Jahren an ein und demselben Ort. Alles in allem gibt es im Stiftsbereich 24 Glocken. Am Donnerstagabend erinnert die größte Vertreterin des Ensembles mit ihren fast neun Tonnen Gewicht an das Gebet Jesu im Garten Gethsemani. Dann erfüllt ihr tiefer Klang die Räume – ja, das ganze Gebäude – und geht weit hinaus übers Land.

Der sogenannte Novizengarten diente früher den jungen Chorherren als Betätigungsfeld und der ganzen Gemeinschaft als Erholungsraum. Dort gab es sogar eine Kegelbahn – im Freien und mit einem kleinen „Salettl", in dem an warmen Tagen das Bier aus der Stiftsbrauerei genossen werden konnte. Das „Florianer Bier" ist wie die Kegelbahn – leider – Geschichte. Doch der Garten mit seinen Rosenbeeten, Obstbäumen und dem Teich bietet sich immer noch an als Ort der Ruhe und Beschauung. Übrigens leben dort – sommers wie winters – die Klosterhaustiere, zwei Schildkröten. Die Betrachtung der Natur macht aufmerksam auf den Kreislauf der Zeit, in dem der Mensch steht.

Das „Florianer Land" ist ein echtes und charakteristisches Bauernland mit reicher Tradition. Ackerbau, etwas Forstwirtschaft und die Kultivierung von alten Obstsorten prägen seit Generationen die Region. Spaziergänge über die sanften Hügel der Umgebung eröffnen malerische Blicke auf den Markt und das Stift St. Florian mit seinen Dächern und Türmen. Die verschwenderische Fülle des riesigen Baus mag beeindrucken: lang gestreckte Fassaden mit reich verzierten Fenstern, schmiedeeiserne Gitter, Skulpturen und steinerne Balustraden – ganz zu schweigen vom Inneren ... Und doch weist die Architektur stets in allem hin auf den Ursprung des Ortes, nämlich den heiligen Florian und dessen erste Begräbnisstätte. Am 4. Mai 304 erlitt dieser im nahen Enns den Märtyrertod als bekennender Christ unter der römischen Herrschaft.

Einige Gäste mögen es gerne, am – recht einfach gehaltenen – täglichen Chorgebet und der Messfeier der Klostergemeinschaft teilzunehmen, oder wünschen sich Treffen mit einem „geistlichen Begleiter" in der Person eines Chorherrn. Da kommt dann das Leben zur Sprache, das man ins Kloster mitbringt und das ja nie ganz zurückzulassen ist. Gedanken und Fragen tauchen auf. Es kann durchaus sein, dass sich die Stille plötzlich mit Stimmen füllt – lauter als beabsichtigt. So ist es eigentlich im Haus nie wirklich „leise" – zumindest nicht innerlich. Die Atmosphäre gerät zu einer Art von „beredtem Schweigen" und so manches „verschafft sich Gehör". Einkehr im Kloster bringt stets eine Menge Bewegung in den Menschen: Vom Reden zum Hören, vom Außen zum Innen, vom Vielen zum Notwendigen, von der Oberfläche in die Tiefe, von der Aufgeregtheit zur Entspannung, vom Lauten des Alltags hin zu dem, was in mir selbst klingt oder anklingt. Oder es geht eben in der umgekehrten Richtung …

Jeder Mensch lebt in den Rollen, die er im Leben spielt oder zu spielen hat. Manchmal gleicht es einer Komödie, oder die wechselhaften Zeitläufte weisen uns einen Platz in einem ernsten Trauerspiel zu. Im Kloster zu Gast zu sein, eröffnet kostbare Möglichkeiten: die eigenen Rollen zu überdenken und einzuordnen – zu ergründen, was gut und hilfreich ist. Oder eben nicht: Ausatmen und Erholen ohne Nachdenken sind ja ebenfalls gestattet. Letztlich dienen Orte wie St. Florian immer dem individuellen Leben, wie es ist. Und ein Aufenthalt im Florianer Gästehaus, das in früheren Zeiten einmal ein Komödienhaus gewesen ist, gibt die Erlaubnis, die Kostüme auch einmal abzulegen. Das Spiel wird unterbrochen – der Akt ist vorbei –, die Pause hat begonnen.

APRIKOSEN-SCHMAND-KUCHEN

Ein Rezept aus dem Kloster Hornbach

Es gibt viele, die vor dem Namen „Käsekuchen" etwas zurück-schrecken, daher nennen wir unseren Kuchen auch liebend gerne Schmandkuchen. Schmand ist ein stichfestes Milchprodukt aus saurer Sahne mit hohem Fettanteil, auch als Sauerrahm bekannt und für uns die perfekte Grundlage für einen weichen und cremigen Käsekuchen.

ZUTATEN

Mürbeteig
100 g Zucker
200 g Butter
300 g Mehl
1 Ei
½ Teelöffel Salz

Belag
1 kg Schmand
140 g Zucker
2 Eier
40 g Stärke
60 g Vanillezucker
1 Zitrone (Abrieb und Saft)

ZUBEREITUNG

- Für den Mürbeteig zunächst Salz, Zucker und Butter schaumig schlagen.

- Ei verquirlen und abwechslungsweise mit Mehl zur Masse geben. Mürbeteig nun für mindestens eine Stunde kalt stellen.

- Teig nach der Ruhezeit mit Mehl bestäuben und aus-rollen. Boden ausstechen und eine hohe Form damit belegen. Ebenfalls die Ränder mit dem Teig ausfüllen.

- Die Zutaten der Schmandmasse vermengen und in den Boden geben.

- Aprikosen nach Belieben kreisförmig legen und leicht in die Masse drücken.

- Bei 200 Grad Celsius für ca. 35-40 Minuten backen.

TIPP

Besonders fein schmeckt der Kuchen frisch gekühlt im Sommer im Garten.

Ein blühender Garten

Hildegard von Bingen

Der Mensch ist ein blühender Garten, in dem der Herr seine Augen weidet. Der Mensch, der Gutes wirkt, gleicht einem Obstgarten, der voll von guter Frucht ist, ähnlich der Erde, wenn sie mit Steinen und Pflanzen gefestigt und geschmückt ist. Wirkt der Mensch indes in Verhärtung der Sünde das Böse, so wird er unfruchtbar vor Gott wie fruchtlose, harte Erde ... Es ist aber so eingerichtet, dass der Mensch niemals mit Freuden sündigen kann.

DIE KIRCHTURMSPITZE –
EIN FINGERZEIG NACH OBEN

Erzabt Wolfgang Öxler, Erzabtei St. Ottilien

Der Turm des Klosters leuchtet weithin in die Umgebung. Die Kirchturmspitze weist wie ein Zeigefinger zum Himmel. Ja, wir Menschen sind eingeladen, „gehimmelt" zu sein. Zugleich erinnert uns dieser Zeigefinger, dass uns Menschen einmal der Himmel, das Paradies verheißen ist und dass die Kraft für mein Leben von Gott kommt. Das Herz auf der Spitze des Turms möchte uns aber auch darauf hinweisen, dass da, wo wir ein Herz füreinander haben, das Paradies auch hier auf Erden beginnen kann. Ja, Gott hat ein Herz für uns. Jesus wirbt mit offenem Herzen um die Herzen der Menschen. Er ist der große Kardiologe, der Herzspezialist, der die Abgründe unseres Herzens ebenso kennt wie unsere Sehnsucht nach Heil und Frieden. Wir glauben an

einen Gott, der mitfühlen kann, der selber gelitten hat, der sich zerbrechen ließ, damit unsere Gebrechen Heilung und Sinn erfahren. Er legt seine Liebe auch in mein Leben hinein, in meine Vergangenheit, in meine Gegenwart und in meine Zukunft.

Der heilige Benedikt fordert uns Mönche auf, in der Gegenwart Gottes zu leben. Sich immer wieder zu vergegenwärtigen: ER ist da, und dabei dürfen auch wir selber einfach da sein! Bei all unserem Tun soll das Dasein Gottes wie eine Hintergrundfolie in unserem Leben aufleuchten. So wie wir jetzt unsere Gegenwart gestalten, so wird auch unsere Zukunft aussehen. Es gilt die Gegenwart von den Dingen zu befreien, die uns die Zukunft nehmen.

Klöster können Orte der Menschwerdung sein unter den Bedingungen der Zeit und in der Herausforderung unseres begrenzten Liebens. Das zeigt sich an dem Beispiel, wie wir miteinander umgehen. Um ein reifer Mensch zu werden, braucht es immer wieder die Harmonie der Gegensätze wie z. B.: Bete und arbeite. In diesen lebensschaffenden Gegensätzen wie *ora et labora* oder Gesetz und Liebe geschieht Menschwerdung. Je mehr wir bei Gott sind, desto mehr werden wir Mensch, und je mehr wir Mensch werden, desto mehr sind wir bei Gott.

DER WEG DURCH DEN KREUZGANG

Pater Roman Nägele, Stift Heiligenkreuz

Im Kreuzgang des Stiftes Heiligenkreuz befinden wir uns an einem geschichtsträchtigen Ort der Stille. Es handelt sich um einen überdachten, gewölbten Bogengang, der einen quadratischen, offenen, nicht überdachten Innenhof umschließt. Vom Kreuzgang aus können die Klosterkirche, der Kapitelsaal, das Refektorium (Speisesaal), die Fraterie (Arbeitsraum), die Totenkapelle und der Lesegang erreicht werden. Die deutsche Bezeichnung „Kreuzgang" wird von den dort stattfindenden liturgischen Prozessionen hergeleitet, bei denen oftmals ein Kreuz vorangetragen wird.

Die Stiftskirche als Zentrum der klösterlichen Anlage, durch Markgraf Leopold III. im Jahr 1133 begonnen, nahm in der dritten Hälfte des 13. Jahrhunderts die heutige Form an. Im Westen ist der romanische Kirchenbau erhalten geblieben. Herzog Albrecht fügte in der Mitte des 13. Jahrhunderts im Osten die gotische Hallenkirche an. In denselben Zeitraum fällt auch die Erbauung des Kreuzgangs, der sich mit seinem nördlichen Flügel an die Südwand der Stiftskirche anlehnt. Von Herzog Rudolf von Habsburg in der Mitte des 13. Jahrhunderts erbaut, blieb

sein Aussehen bis in unsere Zeit erhalten. Er ist Kernstück der Klosteranlage, alle wichtigen Räume der Klausur liegen entlang seiner vier Flügel. Hier leben wir Zisterzienser und verleihen diesem Flecken Erde ein besonderes Flair. Der Kreuzgang mit seinem Brunnenhaus und dem Garten wird zum Bild des Paradieses und somit zum Bild für das Leben.

Die Stille dieses Ortes erreicht oftmals die Herzen der Menschen, und dadurch wird dieser sensible und respektvolle Ort zu einer lebendigen Begegnung mit Gott, mit Menschen aus verschiedenen Religionen und Kulturen und mit der Geschichte. Wir erleben einen Ort der Stille und Einkehr in unserem wunderbaren Biosphärenpark Wienerwald und den ehrwürdigen restaurierten Räumen. Ein echtes Highlight in unserer oftmals hektischen Zeit.

Dieser Kreuzgang als zentraler Bau der klösterlichen Anlage avancierte zu einem überkonfessionellen Ort der Einkehr. Als Ort des Glaubens ist er auch ein Ort des Lebens. Wer durch die Arkaden blickt, entdeckt auf einen Blick den bepflanzten Innenhof in seiner Schönheit, in seiner Unaufgeregtheit. Unterschiedliche, feinfühlig angeordnete Gewächse sind wichtige Zeugen der Stille in diesem geheiligten Raum.

Wir Zisterzienser gehen jeden Tag nach den jeweiligen Gebetszeiten schweigend in Prozession vom Chorgebet durch den Kreuzgang zum Refektorium und nach dem Mittagessen in Prozession – einen Psalm betend – in die Kirche. Auf unserem Weg durch den Kreuzgang kommen wir am Brunnenhaus vorbei, das mit seinem Wasserrauschen ein Bild für das bewegte Leben, ein Bild für die nie endende Liebe Gottes zu den Menschen ist. Die historischen Glasscheiben in diesem Raum zeigen Ranken, Blüten und geometrische Muster und versinnbildlichen die Natur und ebenso die Gestaltung der Welt durch den Menschen.

Unsere Prozession zur Kirche führt uns am ehemaligen Lettnerkreuz von St. Stephan in Wien, an der Fraterie und der Totenkapelle vorbei, in der der Totentanz von Giovanni Giuliani dargestellt ist. Diese tanzenden Figuren erinnern an die Lebensfreude und an das Leben nach dem Tod.

Weiter führt uns unsere Prozession am zweischiffigen Kapitelsaal vorbei. Dort haben etliche Markgrafen und Herzöge von Österreich ihre letzte Ruhestätte gefunden. Zu erkennen ist dies an den vielen mittelalterlichen Grabplatten, die in den Boden eingelassen sind – stumme Zeugen der Herrscherfamilien. Der Saal ist gleichzeitig prächtiger, hervorragender Begräbnisplatz für Mitglieder der Babenberger, der Gründerfamilie von Heiligenkreuz. Ein Kraftplatz der gesamten Anlage. Hier versammeln sich die Mönche, um gemeinsam zu beten, einen Novizen ins Noviziat aufzunehmen und Zeugen der Ablegung der Zeitlichen Profess eines Mitbruders zu sein.

Unser Weg in die Kirche quert den Nordteil des Kreuzganges, den sogenannten Lesegang. Dort versammeln sich die Mönche am Abend vor dem Nachtgebet in der Kirche, um ein Stück aus der Regel des heiligen Mönchsvaters Benedikt zu hören. Nach dessen Regel gestalten wir Zisterzienser unser Leben. Hier im Lesegang vollziehen der Herr Abt und die Mitbrüder am Gründonnerstag an zwölf Männern, die aus unseren Stiftspfarreien eingeladen werden, die Fußwaschung.

Bei Führungen gehen zahlreiche Besucherinnen und Besucher diesen Weg durch den Kreuzgang, oft sind es viele Menschen und auch größere Gruppen gleichzeitig, doch nie herrschen dort Lärm oder Hektik, das Flair des offenen Raumes wirkt. Der zentrale Garten wird durch seine Lage und sein Dasein zu einem Bild des Friedens und des Paradieses.

JEDER GARTEN RÜHRT AN EINE SEHNSUCHT

Schwester Christa Weinrich, Benediktinerinnenabtei zur Hl. Maria Fulda

„Nirgendwo ist man dem
Herzen Gottes
so nahe wie in einem Garten"

(Dorothy Frances Gurney)

Jeder Garten rührt an eine Sehnsucht, die tief im Menschenherzen schlummert, die Sehnsucht nach jenem Ur- und Glücksgarten der Menschheitsfrühe, dem Ort der Geborgenheit und des Vertrauens, wo das Verhältnis des Menschen zu seinem Gott und Schöpfer noch ungebrochen war. Ist es nicht diese Sehnsucht, diese Erinnerung an das verlorene Paradies, die die Menschen zu allen Zeiten bewegt hat, Gärten anzulegen und zu pflegen?

Was macht aber einen Garten, unseren Garten zu einer Welt voller Farben, Düfte und Köstlichkeiten, zu einem kleinen Paradies? Ist es die wohldurchdachte Anlage, sind es die harmonisch aufeinander abgestimmten Gewächse in ihren unterschiedlichen Blüh- und Reifezeiten? Ist es die liebe- und mühevolle Pflege, ist es Sonne, Wind, Regen und Tau zur rechten Zeit? – All das ist wichtig, sicher, aber das Eigentliche bleibt immer ein Wunder, das Eigentliche ist nicht machbar.

Und der Mensch, der mit wachem und liebendem Herzen durch seinen Garten geht, steht staunend vor diesem Wunder: Jedes Jahr begrüßt er freudig den ersten Winterling, der mit seinem warmen butterblumengelb die noch kalten Januartage wärmt, wartet darauf, dass Schnee-glöckchen, Primeln und Veilchen aus dem Winterschlaf erwachen, späht aus, wann endlich ein grüner Schimmer auf dem Land anzeigt, ob die Möhrensaat aufgegangen ist, freut sich am Flor der Sommerblumen und am Flug der Falter, prüft behutsam die reifende Frucht, nimmt den Duft der Erde und der Pflanzen auf, hört den Wind im Laube fließen und weiß doch, dass er selbst mit all seiner Mühe keine Knospe dazu bringen kann, sich zu öffnen. Dass sie es trotzdem tut, zur Blüte und Frucht heranreift, ist das immer neue Wunder, mit dem der Garten uns beschenkt.

Gott am nächsten

Pachomius

Der Ort im Kloster, wo man Gott am nächsten ist, ist nicht nur die Kirche, sondern der Garten. Dort erfahren die Mönche ihr größtes Glück.

DIE STILLE IM KLOSTER

Abt Johannes Schaber, Abtei Ottobeuren

Wenn jemand die Bitte äußert, ins Kloster aufgenommen zu werden, dann sollen nach der Regel des heiligen Benedikt von Nursia (480–547) der Abt und die Mönchsgemeinschaft gewissenhaft prüfen, ob der Kandidat auch wahrlich nach Gott suche. Alles im Kloster dreht sich um die Gottsuche. Der Tagesablauf, der Wechsel von Gebet und Arbeit, geistlicher Lesung und Schweigen, Gemeinschaft und Einsamkeit, die Bauart der Klosteranlage und die Ausgestaltung der Klosterkirche, alles dient der Gottsuche des Einzelnen unter der Führung des Evangeliums Jesu Christi unter Regel und Abt. Im Kloster spielen die Klausur, das ist der geschützte Bereich für das geistliche Leben, die Stille und die Schweigsamkeit eine bedeutende Rolle. Benedikt ermutigt dazu, achtsam Gott in allem zu suchen und zu verherrlichen und in jedem Menschen Christus zu sehen. Gerade das Erlebnis der Stille im Kloster ist eine wichtige Lebenserfahrung und Voraussetzung dafür, achtsam zu werden.

In meiner Amtszeit als Dekan des Dekanats Ottobeuren besuchte ich oft Mitbrüder in ihren Pfarrhäusern. Die lagen zumeist im Dorfmittelpunkt an einer befahrenen Hauptstraße. Wenn ich abends in mein Kloster zurückkehrte, genoss ich immer die Stille in unserer Klausur, obwohl auch das Kloster inmitten eines seit den 1950er-Jahren stark gewachsenen Ortes liegt. Allmählich wurde mir dankbar bewusst, dass Stille nicht nur die Abwesenheit von Geräuschen, Schall und Lärm bedeutet, sondern dass sie mein Leben in einer klösterlichen Umgebung unbewusst und nachhaltig prägt.

Das Beste, was ich über die Stille gelesen habe, stammt aus der Feder des norwegischen Abenteurers und Autors Erling Kagge (geb. 1963). Als erster Mensch war er am Süd- und Nordpol und auf dem Gipfel des Mount Everest. In seinem Buch *Stille. Ein Wegweiser* fragt er: „Was ist Stille? Wo ist sie? Warum ist sie heute wichtiger denn je?" Ausgehend von seinen Erfahrungen, die er bei einer Südpolexpedition in der Antarktis gemacht hatte, wurde ihm zunächst klar, dass er in Städten von einem permanenten Geräuschpegel und teilweise hohen Lärmniveau umgeben ist. Er muss, um Stille zu erleben, in die Natur fliehen. Viele Menschen, die mit Lärm leben, meinten zwar, man müsse mit ihm einfach nur umzugehen lernen. Diejenigen aber, denen es nicht gelingt, sind gezwungen, aus den Städten in die Natur hinauszufahren. Lärm, so Kagge, lenkt ab, schlägt die eigenen Gedanken in die Flucht, übertönt die Alltagsroutine und Rastlosigkeit, ist oft Flucht vor sich selbst, lenkt von sich und seinen täglichen kleinen Lügen und Halbwahrheiten ab, vermeidet Langeweile, hilft dem Zeitvertreib und reduziert doch Lebensqualität. Manche Menschen verbinden mit Stille Einsamkeit, auch Trauer, andere sehen in ihr nur einen Ausweg für den Fall, dass man alles satthat. Doch was Stille wirklich ist, erkennt man nur dann, wenn man erst einmal ihre Kraft erlebt hat.

Um den Besuchern unseres Klostermuseums die Bedeutung der Stille für das geistliche Leben im Kloster näher zu bringen, haben wir bei der Wiedereröffnung 2023 des neu gestalteten Museums einen *Raum* der *Stille* eingerichtet. Damit möchten wir möglichst vielen Menschen, auch mit körperlichen Beeinträchtigungen im Sinne der Inklusion, die Stille in diesem Raum erschließen. In einem abgedunkelten Raum stehen an der Wand einige hundert LED-Kerzchen auf Ständern. Die Eintretenden verursachen durch ihr Reden und ihre Bewegung Geräusche, die in der Lichtstärke der Kerzchen und in der Intensität des Flackerns ihrer Flammen widergespiegelt werden. Je leiser und ruhiger jemand im Raum wird, desto schwächer brennen die Kerzchen und desto ruhiger ihre Flammen. Sehbehinderte Menschen hören das Knistern der Ker-

zen entsprechend lauter oder leiser. Ebenso war ursprünglich ein stärkerer oder schwächerer Luftzug geplant, aber nach derzeitigem technischen Stand erzeugen die Ventilatoren für das Projekt ein zu lautes Grundgeräusch, dass sich die Planer entschieden haben, vorerst auf sie zu verzichten und sie vielleicht später einmal nachzurüsten. Wir dürfen gespannt sein, wie die Besucher diese Installation der Augsburger Firma Lab Binaer aufnehmen werden.

Was ist Stille? Die Stille ist für Kagge nicht einfach nur das Fehlen von Schall und Lärm, sondern eine Idee, ein Gefühl, eine Vorstellung. Weil man in Oslo oder in New York nicht warten kann, bis eine Geräuschlosigkeit eintritt, muss man die Welt eben ausschließen, dort wo man ist, und die Stille in sich selbst finden, auch wenn es um einen herum nach wie vor viele Geräusche gibt. Blaise Pascal (1623–1662) führte in seinen 1657 erschienenen *Gedanken zur Religion* das Unglück so vieler Menschen darauf zurück, dass es ihnen nicht gelinge, sich in einem Zimmer in Ruhe aufzuhalten. Die Stille ist nicht nur langweilig, sie macht manchen Menschen sogar Angst. Man sucht deshalb eine Beschäftigung, Ablenkung oder Zerstreuung. Was für eine Erfahrung hingegen steht dem gegenüber, wenn man es einmal für eine Woche in einer Klosterzelle (mit sich) ausgehalten hat.

Vor Jahren bat mich ein schweizerischer Polizeikommissar um ein Gespräch. Seine Familie hatte ihm zu einem runden Geburtstag einen einwöchigen Aufenthalt in unserem Kloster geschenkt, allein. Auf unseren Gästezimmern gibt es kein WLAN, keinen Fernseher und keine Handyverbindung. In unserem Gespräch, um das er am Ende der Tage bat, ging es schlichtweg nur um seine Glückserfahrung, eine Woche in der Stille ausgehalten und dies als sehr bereichernd erfahren zu haben.

Was meine eigene Klosterzelle angeht, brachte mich vor vielen Jahren unser Pater Ottokar Krispler (1921–2001) ins Nachdenken. Er hatte einst an der Münchner Kunstakademie studiert und unterrichtete das Fach Kunst über viele Jahre an unserem Gymnasium und unserer Realschule. Er war selbst kein kreativer Maler, wohl aber ein begnadeter Kopist. Als ich ihn bat, mir ein barockes Dreifaltigkeitsbild aus unserem Kloster zu kopieren, wollte er sehen, wo ich es aufzuhängen gedachte und besuchte mich auf meiner Klosterzelle. Da mein Zimmer an den Wänden entlang mit Bücherregalen ausgestattet ist, am Boden schmale Gässchen durch die aufgetürmten Bücherstapel führen und auf meinem Schreibtisch nur ich das System der Ablage kenne, enttäuschte er mich schon nach wenigen Augenblicken mit seiner Entscheidung, mir kein Gemälde zu kopieren. Seine Begründung war, ich hätte zu viel Leben. Ein Bild brauche, um wirken zu können, Ruhe. In meiner Zelle sei es zu lebendig und „zu laut", ein Gemälde brauche Stille und eine kontemplative Atmosphäre. Ich hingegen empfinde in meinem Zimmer, im Gegensatz zu meinem Büro, immer eine Atmosphäre großer Ruhe. Stille heißt für Erling Kagge, eine Pause einlegen und Dinge wieder zu entdecken, die einem Freude machen. In der Stille finden wir zu Muße und Kreativität.

Wo ist Stille? Kagge versuchte zunächst in seinem städtischen Umfeld in Oslo Geräusche durch Musik auszublenden. Der Versuch scheiterte insofern, als Kagge die Musik lauter aufdrehen musste als der Geräuschpegel, um ihn zu übertönen. Nur in der Natur fand er zu größerer Stille, bis er die Erfahrung machte, dass Stille überall und jederzeit auftauchen könne, „direkt vor unserer Nase", weil wir unsere je eigene Stille in uns haben, gleich welche Geräuschkulisse uns umgibt. Für Kagge ist die Stille eine Frage nach dem eigenen bewussten Lebensstil geworden und nach dem Weg zum Glück. Damit wäre aber auch seine dritte Frage, warum die Stille heute wichtiger denn je sei, beantwortet. In der Stille findet der Mensch zu mehr Achtsamkeit und zu seiner Mitte.

Diese Mitte hat im Kloster einen Namen, den Namen Gottes. Deshalb verweisen alle Orte unseres Klosters auf Gott. Der Mönch bemüht sich immer und überall, in der Gegenwart Gottes zu leben. Manche haben es sich zur Gewohnheit gemacht, sich immer wieder den Psalmvers „O Gott, komm mir zu Hilfe!" (Ps 70,2) in Erinnerung zu rufen.

Die Erbauer der barocken Klosteranlage von Ottobeuren, Abt Rupert Ness (1670–1740) und Abt Anselm Erb (1688–1767), waren darum bemüht, den Bau nach dem Vorbild des in Ottobeuren als Gnadenkreuz verehrten „Romanischen Christus" zu gestalten, der aus der Zeit des seligen Abtes Konrad (um 1220) stammt und sich am Kreuzaltar im Mittelpunkt

der Basilika befindet. Wenn das ganze Kloster in Kreuzesform angelegt wird, so die Idee des Abts Rupert II., dann leben die Mönche an jedem Punkt der Anlage ganz im Zeichen des Kreuzes Christi. Die Kirche kommt dem Haupt Christi gleich, die Quadratur des Hauptgebäudes dem Oberkörper, die Wirtschafts- und Ökonomiegebäude im Süden quasi den Füßen Christi. Das Ämtergebäude im Westen und eine geplante, aber nie gebaute Orangerie im Osten an der Günz verkörpern die beiden ausgestreckten Arme.

In unserer Klosterkirche, die von 1736 bis 1766 erbaut wurde, kann man die Stille geradezu hören und sehen. Ich fühle mich immer an das Wort des Propheten Jesaja erinnert, als er schrieb: „Sie werden die Herrlichkeit des HERRN sehen, die Pracht unseres Gottes." (Jesaja 35,2) Bei der Pracht und Schönheit unseres Gotteshauses braucht es keine Worte, um ins Staunen zu geraten. Und doch dient die Stille der Einübung in die Achtsamkeit und Vorbereitung auf das Hören des Wortes Gottes in den heiligen Schriften der Bibel.

Einer meiner liebsten „stillen" Orte in der Basilika ist mir das Chorgestühl. Man ist von den Blicken der Kirchenbesucher geschützt, kann ungestört beten und sieht doch hervorragend auf den Altar. Arthur Maximilian Miller (1901–1992) bringt es in seinem Buch *Ottobeurer Chorgestühl* auf den Punkt: „Darum, wenn Ottobeuren sein Kloster ist, wenn Ottobeuren in noch höherem, allhaftem Sinne seine Kirche ist, dann ist Ottobeuren zum dritten und eigentlichsten Male sein Chorgestühl. Hier, mehr als in seiner Zelle, ist der Ottobeurer Mönch zuhause."

Obwohl sich das Kloster mitten im Ortskern von Ottobeuren befindet, sorgen auf drei Seiten des Gebäudes die Klostergärten für Ruhe und Stille. Über dem Klausurgarten auf der Ostseite steigt morgens die Sonne über Guggenberg auf. Schon in der Klosteranlage, die vor dem barocken Neubau des Abtes Rupert Ness stand, gab es im 17. Jahrhundert den großen Konventgarten, der immer wieder instandgehalten und neu bepflanzt werden musste. Er hatte ein Häusle und einen Brunnen, und der Günzkanal durchfloss ihn zwischen der Oberen und der Unteren Mühle. Alles musste betreut und gewartet werden. 1687 wurden einer Rechnung zufolge sogar fünf Wildenten angesiedelt.

Während des Chorgebets zwitschern die Vögel. Hier und da unterbricht tagsüber eine Krankenwagensirene, ein Baufahrzeug oder das knatternde Mofa, auf dem ein Mitbruder in einem Anhänger Salat und Gemüse in die Klosterküche liefert, die Stille. Aber ansonsten schirmt der Garten als Puffer den Geräuschpegel der Marktgemeinde ab, lädt als Ruhezone die Konventmitglieder zu einem Spaziergang ein, zur Gartenarbeit oder zu einem gemeinschaftlichen Grillabend im Sommer. Inzwischen wurden im Garten neben Katzen und Mäusen, Ratten und Fröschen auch schon ein Reh, ein Fuchs und ein Biber, Marder und Wiesel und Dohlen gesichtet. Hunde sind eher selten. Im Teich leben Fische.

Ein Bereich, der in seiner Größe variiert wird, ist der Nutzgarten. In den Jahren nach dem Ersten Weltkrieg, als allein zwischen 1920 und 1925 25 Mitbrüder ins Kloster eintraten und der Konvent bis in die 1960er-Jahre über 55 Mitglieder hatte, im Internat mehr als 100 Schüler wohnten und Ordensschwestern das Knabenheim mit über 100 Zöglingen führten, da gab es einen großen Tagesbedarf an Lebensmitteln. Zeitweise arbeiteten sechs Mitbrüder im Garten, von denen einer, der den Meisterbrief hatte, auch Lehrlinge ausbildete. Ein Ladengeschäft im Keller an der Nordostecke für Salat und Gemüse brachte ein paar bescheidene Einkünfte ein. Andere Mönche waren in der Landwirtschaft auf den Feldern tätig oder im Schweinestall, als Geflügelzuchtmeister in einem weitläufigen Hühnergehege oder am Brutapparat. Einer hatte Schafe, und ein anderer war Imker und kümmerte sich um das 1926 erbaute Bienenhaus. Die Letzten in der Lieferkette waren der Metzger und das Küchenpersonal. Für den Schmuck der Kirche und für Feste wurden Blumenfelder angelegt.

Auf der Südseite des Klostergartens stehen zahlreiche Obstbäume, von denen wir unseren eigenen Most bzw. Apfelsaft pressen oder den Zwetschgenkuchen für den Namenstagskaffee belegen.

Im sogenannten Westhof befand sich in der Barockzeit ursprünglich die Klosterpforte. Vom Beamtengebäude herkommend gelangte man durch das Pfortenhaus hinein, ging die Baumallee entlang und betrat unter dem Kaisersaal das Klostergebäude. Einlass bekamen Besucher mit ihren Anliegen, Klosterschüler, Gäste und Personal. Bevor aus den um das Kloster herum angelegten Fisch- und Löschwasserteichen Fische und erlegtes Wild in die Küche gebrachten wurden, mussten sie zuvor in der Fisch- oder Wildküche in der Klostermauer des Westhofs ausgenommen werden.

Der heilige Benedikt schreibt im Kapitel über den Pförtner: „Das Kloster soll, wenn möglich, so angelegt werden, dass sich alles Notwendige, nämlich Wasser, Mühle und Garten, innerhalb des Klosters befindet und die verschiedenen Arten des Handwerks dort ausgeübt werden können." (Benediktusregel 66,6) Bei unserem Rundgang entlang an einigen Orten der Stille und durch unsere Gärten wurde das Eine deutlich, dass die Stille der Einübung in eine achtsame Lebenshaltung vor Gott dient. Wer nach der Weisung des Evangeliums, der Weisung Jesu lebt, „dem weitet sich das Herz, und man geht den Weg der Gebote Gottes in unsagbarer Freude der Liebe" (Benediktusregel, Prolog 49). Vielleicht macht man im geistlichen Leben eine ähnliche Erfahrung wie Erling Kagge ohne religiösen Hintergrund, dass wenn man die Stille, die Freude der Liebe, in sich trägt, dann braucht es keine Mauer um einen herum, um sich abzuschirmen.

ZWETSCHGENKUCHEN

Ein Rezept aus der Abtei Ottobeuren

ZUTATEN

Hefeteig
200 g Mehl
12 g Hefe
2 g Salz
20 g Zucker
50 g Butter
1 Ei
70 ml Milch

Kuchenguss
120 g Zucker
2 Eier
40 g Weizenmehl
250 ml saure Sahne

Zwetschgen
1500 g Zwetschgen

Backtemperatur: 190 °C
Backzeit: 45-50 Minuten

ZUBEREITUNG

- Das Kuchenblech wird mit dem Hefeteig ausgelegt. Die Zwetschgen müssen entsteint und zu zwei Hälften eingeschnitten werden. Nachdem man über den Kuchenboden Brösel verstreut hat, kann man ihn mit den Zwetschgenhälften belegen.
- Der Zucker, die Volleier und das Weizenmehl werden mit saurer Sahne angerührt und über dem belegten Kuchen verteilt. Nun kann man ihn in den Ofen schieben und für 45-50 Minuten bei einer Temperatur von 190 C backen. Guten Appetit.

Gastfreundschaft

Benediktusregel 53,1

Alle Fremden, die kommen, sollen aufgenommen werden wie Christus: denn er
wird sagen: „Ich war fremd und ihr habt
mich aufgenommen."

WIE EIN BAUM – GEHIMMELT UND VERWURZELT SEIN

Erzabt Wolfgang Öxler, Erzabtei St. Ottilien

Der Baum – er steht für das Leben, er steht aber auch für den Menschen und ist zugleich ein Bild für den Glauben. Unser christlicher Glaube ist ein Hoffnungsglaube. Irgendwann bin ich gepflanzt worden. Denn wir haben unser Leben nicht aus uns selbst, sondern verdanken es einem Anderen, einem, der mich auf den Weg gebracht hat. Andere wichtige Menschen haben uns gepflegt, haben uns versorgt, hin und wieder auch beschnitten, damit wir wachsen und reifen können. Damit ein Baum wachsen kann, braucht er gesunde Wurzeln, um an das nötige Wasser und die lebenswichtigen Nährstoffe heranzukommen. Es gibt kein Leben ohne Wurzeln. Die Entwurzelung ist bei weitem die gefährlichste Krankheit der menschlichen Gesellschaft. Verwurzelt sein bedeutet: Einen Platz haben und wissen, wohin ich gehöre.

Der Blick auf einen Baum kann tröstlich sein. Wir können uns an ihn anlehnen, und wir können uns in seinen Schatten setzen und Schutz finden. Die Äste eines Baumes verzweigen sich in alle Himmelsrichtungen und können mich auf den Gedanken bringen: Wonach sehne und strecke ich mich aus? Oder: Was sind die Früchte meines Lebens?

Aber so gewiss, wie ein Baum im Frühling neue Triebe, Blüten und Blätter hervorbringt, so gewiss wird alles Leben, das vergeht, immer wieder neu. Ja, unser Glaube ist, dass Gott am Ende mehr für uns bereithält, als dieses Leben uns bieten kann – nämlich das Paradies.

Wer auf Gott vertraut, wer auf ihn seine Hoffnung setzt, der ist wie ein blühender Baum. So sagt z. B. der Prophet Jeremia: „Gesegnet ist der Mensch, der sich auf Gott verlässt und dessen Zuversicht der Herr ist. Der ist wie ein Baum am Wasser gepflanzt, der seine Wurzeln zum Bach hinstreckt. Wenn Hitze kommt, fürchtet er sich nicht. Seine Blätter bleiben grün, und wenn ein dürres Jahr kommt, bringt er Frucht hervor, ohne aufzuhören." (Jer 17,7)

EIN ORT DER BEGEGNUNG UND ERHOLUNG

Kloster Neustift

Von der Idealvorstellung eines Gartens im Barock kann man sich heute im Kloster Neustift ein Bild machen. Der Stiftsgarten ist eines der bedeutendsten Zeugnisse historischer Gartenkunst in Tirol und wurde 2004 wieder in seine ursprüngliche barocke Form gebracht.

Bis heute dient er als Nutzgarten zur Versorgung des Klosters, aber auch als Ziergarten zur Erholung der Chorherren. Der von einer hohen Mauer umgebene Garten gliedert sich in drei Teile: eine Streuobstwiese mit Pavillon, einen Kräutergarten mit zahlreichen Heil- und Gewürzpflanzen sowie einen Ziergarten mit Springbrunnen und Vogelhaus.

Weil an Fasttagen Fleisch tabu war, musste die Küche des Klosters Neustift stets auf einen reichen Vorrat an frischen Fischen zurückgreifen können. Diese wurden in überdachten Fischtrögen gehalten, die einst den turmartigen Gartenpavillon aus dem 17. Jahrhundert umgaben.

Der Pavillon, die sogenannte Piszin, ist das Herzstück des ersten Gartenabschnitts und wurde auch von den Chorherren geschätzt, die sich in ihrer Freizeit im Turmstübchen aufhielten. An dessen Decke sind Szenen aus dem Leben des heiligen Augustinus dargestellt.

„Ich werde gehen,
und die Vögel werden bleiben und singen.
Und bleiben wird mein Garten mit seinem grünen Baum
und seinem weißen Brunnen.
Und läuten werden, wie heute Abend,
die Glocken vom Kirchenturm.
Ich werde gehen,
und die Vögel werden bleiben und singen.“

Remigius Weissteiner,
Chorherr im Kloster Neustift, geboren 1936

EINLADUNG GOTTES

Prior P. Maximilian Schiefermüller, Karin Schamberger Stift Admont

Das Benediktinerstift zum heiligen Blasius in Admont befindet sich wenige Kilometer vor dem Eintritt der Enns in den wildromantischen Nationalpark Gesäuse, inmitten einer großartigen Gebirgslandschaft und in einem weiten Talbecken der Marktgemeinde Admont. Es ist das älteste bestehende Kloster der Steiermark. Gegründet 1074 vom Salzburger Erzbischof Gebhard, ausgestattet mit Grundbesitz der verwitweten Gräfin Hemma von Gurk, entstand ein Bauwerk, in welchem über die Jahrhunderte Kunst zur Ehre Gottes und zum Schauen und Staunen geschaffen wurde. Rasch entwickelte sich Admont zu einem weithin ausstrahlenden geistlichen und kulturellen Zentrum allerersten Ranges und erlebte mehrere Blütephasen sowohl im Mittelalter als auch in der Barockzeit, wovon noch heute die überregional bekannte Admonter Stiftsbibliothek zeugt.

Ein verheerender Stiftsbrand im Jahr 1865 zwang die Mönche, die Reste ihrer barocken Stiftskirche abzutragen und neu zu errichten. Es entstand unter der Ägide des Architekten Wilhelm Bücher der erste neugotische Kirchenbau Österreichs. Bücher orientierte sich am originalen Grundriss der mittelalterlichen Kirche und errichtete darauf einen mächtigen, dreischiffigen Bau im Stil der deutschen Kathedralgotik. Der Innenraum besticht durch Monumentalität und elegante Schlichtheit. Der Großteil der Gemälde und Statuen auf den Seitenaltären und am Hochaltar wurde neu geschaffen, jedoch wird der Blick beim Durchschreiten der Kirche magisch angezogen von einem spätgotischen Kruzifix aus dem Jahr 1518, welches über dem Zelebrationsaltar hängt. Die mächtige Orgel wurde 1870/71 vom Salzburger Orgelbauer Matthäus Mauracher eingesetzt und 1974 durch die Orgelbaufirma Rieger erneuert. Die Türen der Stiftskirche stehen tagsüber für Besucher offen und laden ein, einzutreten, innezuhalten und sich geistig zu stärken.

Für Abt Gerhard Hafner ist „seine" Kirche ein Ort, um das Schöne zu bewundern und zu bestaunen. Dies kann auch helfen, dem Sinn unseres Lebens näherzukommen. Woher komme ich? Wohin gehe ich? Was ist der Sinn meines Lebens? Uralte Menschheitsfragen, die beim Besuch einer Kirche durchaus berechtigt sind. Beim Eintreten in die Kirche öffnen sich die Türen nach innen. Sie sind wie eine Einladung Gottes und eine Einladung der Kirche an uns. Alle Sorgen und Nöte, alle Freuden und Hoffnungen können vor Gott gebracht und zu ihm hingetragen werden.

Besucherinnen und Besucher können im Rosarium im Innenhof des Stiftes sowie im Kräutergarten und am Stiftsteich die Natur genießen und die Seele baumeln lassen. Der Kräuter- und Schwesterngarten wurde 1998 neu angelegt und soll die Tradition eines gemischten Klostergartens fortführen. Der Kräutergarten ist in sechs Abteilungen gegliedert, die verschiedenen Gartentypen nachempfunden sind:

- Der **Blasiusgarten,** benannt nach dem Patron des Klosters, der im Volksmund als „Halsweh-Heiliger" verehrt wird. Er beinhaltet besonders viele Kräuter gegen Halsleiden.

- Der **Benediktusgarten** ist dem Begründer des europäischen Mönchtums gewidmet. Dort findet man typische Heilkräuter für einen Klostergarten.

- Der **Gebhardsgarten** ist benannt nach dem Gründer der Benediktinerabtei, Erzbischof Gebhard von Salzburg. Hier findet man Heil-, Nutz- und Zierpflanzen, die aus italienischen Landhausgärten in die nördlicheren Bauerngärten gepflanzt wurden.

- Dem bedeutendsten Botaniker des Stiftes Admont ist der **P. Gabriel-Strobl-Garten** gewidmet. Dort findet man unter anderem eine Trockenwiese, in der sich auch Alpenblumen wohlfühlen.

- Der **Engelbertgarten** enthält eine große Anzahl an Arzneipflanzen und ist benannt nach dem mittelalterlichen Universalgelehrten Abt Engelbert von Admont (1297–1327).

- Der **Schwesterngarten** wurde unmittelbar südlich des Museumstraktes angelegt und nimmt Bezug auf das Frauenkloster, das bis zum Ende des 16. Jahrhunderts in enger Beziehung mit dem Männerkloster bestand. Dort lebten und wirkten hochgebildete Nonnen, die wertvolle Handschriften anfertigten und mit hochrangigen Geistlichen korrespondierten. Ein Teil des Schwesterngartens trägt auch den Namen einer Priorin des Klosters: Relindisgarten.

Ein besonderer Kraftort des oberen Ennstals liegt etwa sieben Kilometer von Admont entfernt, auf dem sogenannten „Kulm": die Wallfahrtskirche Frauenberg. Die Gründung geht auf ein Wunderereignis zurück, bei dem ein Marienbild durch die Hochwasser führende Enns angeschwemmt wurde. Trotz mehrerer Versuche, dieses Bild in das Stift Admont zu überführen, tauchte es immer wieder an der Stelle auf, an der schließlich eine Kirche errichtet wurde. Unter Abt Adalbert Heuffler von Rasen und Hohenbühel erhielt der Wallfahrtsort weitgehend seine heutige Gestalt. Am 2. Juli 1687 erfolgte die Weihe des neuen, barock umgestalteten Kirchengebäudes.

Der Superior der Kirche, Prior Maximilian Schiefermüller, kümmert sich mit Herzblut um die zahlreichen Wallfahrer, die ihre Anliegen vor das Gnadenbild der Jungfrau Maria bringen. Die Pilgermadonna befindet

sich in einer Nische hinter dem Hochaltar. Dies ist eine alte Tradition der Frauenberg-Wallfahrt, denn die Pilger werden eingeladen, den Altar zu umrunden. 2013 bis 2014 wurde die Kirche innen und 2018 außen restauriert und erstrahlt nun in neuem Glanz.

Frauenberg besitzt ein klangvolles, zehnstimmiges Geläute, den größten Geläutesatz der Steiermark. Die Erweiterung des ursprünglich fünfstimmigen Geläutes wurde notwendig, da im Herbst 2016 die gotische „Maria Schutz-Glocke" nach Jahrzehnten wieder in der Glockenstube des Nordturmes montiert wurde. Die daraus entstandene klangliche Lücke wurde durch das Gießen von zwei weiteren Glocken geschlossen. 2017 wurde eine Glocke für die „Fürbittkapelle" im Garten gegossen, die klanglich zum Geläute der Kirche gehört. 2018 wurde als Schlusspunkt der Kirchenaußenrenovierung die „Linzerglocke" gegossen. Frauenberg besitzt nun zwei klanglich unterschiedliche Geläutesätze: Das ursprüngliche fünfstimmige Hauptgeläute und ein fünfstimmiges Nebengeläute. Das Vollgeläute aller Glocken ist nur an den höchsten Feiertagen zu hören.

GOTT IST KLANG

Klaus Sonnleitner, Chorherrenstift St. Florian

Heilige Orte geben dem Menschen Raum – Raum, in dem die Seele atmen darf. Kirchen sind lebendig – durch das Gebet so vieler Frauen, Männer, Kinder durch die Jahrhunderte und sogar Jahrtausende. Die Mauern – aufgerichtet aus scheinbar leblosem Stein und Ziegeln – sie sind quasi „durchbetet". Gebet ist immer individuell, es ist so unterschiedlich wie die einzelnen Menschen – vielfältig in Form und Inhalt. Die Umgebung ist dafür wichtig und hilft dabei. Sie bringt in uns etwas zum Schwingen und Klingen, so wie die Saiten eines Instruments – sie rührt uns an und es entsteht Resonanz. Das Innere reagiert auf die äußeren Einflüsse. Das bringt gewisse Veränderungen mit sich: Die Sinne öffnen sich, die Aufmerksamkeit steigt. Das Sehen und Hören wird schärfer, das Denken und Fühlen intensiver. Vielleicht spielt dabei eine Rolle, welcher Kunstepoche wir uns eher zugetan fühlen. Sind wir Menschen, die strenge und klare romanische Proportionen, elegante gotische Linien und prächtige Glasfenster bevorzugen? – Oder sprechen uns die hellen und großzügigen barocken Formen mit ihrer verspielten Ornamentik und farbigen Bilderwelt an, wie sie uns beispielsweise in der Stiftsbasilika von St. Florian begegnen? In jedem Fall gilt: Ein Prozess kommt in Gang, ein kommunikatives Geschehen beginnt.

Das Gebet kann sich in Ruhe und Stille vollziehen und die aufsteigenden Gedanken schaffen eine Atmosphäre der Sammlung und der Harmonie. Hier vollzieht sich eine wechselseitige Dynamik. Auch Kirchenräume zeichnen sich in ihrer jeweiligen Gestaltung durch Harmonie und Ordnung aus. Und dies sind Prinzipien, die ebenfalls in der Musik angewandt werden. So tragen also schon die Räume etwas Musikalisches in sich. Und zum Gebetsvollzug in den jeweiligen Religionen gehört eben auch die Musik als wesentlicher Ausdruck des Gebets. Das reiche Erbe der christlichen Kirchenmusik aller Epochen legt ein beredtes Zeugnis davon ab. Die Kirchen des Ostens beschränken sich dabei auf den Gesang und geben so der Würde der menschlichen Stimme den Vorzug. In der abendländischen Liturgie erklingen auch Instrumente zur Ehre Gottes und zur Freude der Menschen.

Betritt man die Stiftsbasilika St. Florian bei Linz, fallen sofort die prächtigen Chorgestühle mit den beiden darüber thronenden Chororgeln auf. Die opulente Ausgestaltung dieses – für das Gebet in Klosterkirchen prominenten – Ortes verweist darauf, dass die Ordensgemeinschaft stellvertretend für die ganze Welt betend vor Gott tritt. Hier wird den vielfältigen Anliegen der Menschen Raum gegeben. Und nicht nur die Chorherren beten, sie werden quasi unterstützt von den zahlreichen Engeln, die das Chorgestühl schmücken. Ihre unhörbaren Stimmen erheben Gebet und Gesang in höhere Sphären. Sie tun dies aber nicht nur singend, sondern auch spielend – mit Instrumenten in den Händen sitzen sie auf den Balustraden und geben ein lustvolles Bild himmlischen Musizierens. Manche halten Notenblätter in den Händen, einer schwingt konzentriert den Taktstock. Die Chororgeln werden gekrönt von den Statuen des Erzengels Gabriel und der Gottesmutter Maria. Diese Szene, welche die Verkündigung der Geburt Christi darstellt, ist

ein Ausdruck intensiver und dynamischer Beziehung, eingebettet in Musik. So gesehen ist das Reden Gottes mit dem Menschen eigentlich ein musikalisches Geschehen, von Herz zu Herz gesungen.

Der mächtige marmorne Hochaltar in der Apsis der Basilika ist zweifellos deren wichtigstes Ausstattungsstück. Dorthin sammeln sich die Gedanken und zentrieren sich auf die Gegenwart des Göttlichen im heiligen Raum. Wendet man sich um, erblickt das Auge des staunenden Betrachters die mindestens ebenso raumgreifende, große Orgel. Sie dominiert die Ansicht der Kirche gegen Westen und nimmt beinahe den ganzen verfügbaren Platz der Empore ein – und den braucht sie auch, mit ihren bis zu elf Meter langen Prospektpfeifen aus glänzendem Zinn. 1770 entschloss sich Propst Matthäus Gogl zur Anschaffung dieses monumentalen Werks. Vom Priester und Orgelbauer Franz Xaver Krismann geschaffen, erregte es von Anfang an die Aufmerksamkeit und Bewunderung der Gläubigen und zahlreicher Reisenden. Lange Zeit war es eine der größten Orgeln Mitteleuropas. Heute besitzt sie 7386 Pfeifen. Jede einzelne ist Teil eines großen Chors, der es vermag, die verschiedensten Stimmungen in Klang auszudrücken.

Wir leben heute in einer relativ „lauten" Welt. Die Sinne werden geradezu überschwemmt von Geräuschen und Klängen. Dazu trägt auch die technische Reproduzierbarkeit von Musik bei, die allerorts und jederzeit möglich ist. Bis es das gab – noch bevor Maschinen, Motoren, Verkehr und Elektronik in das tägliche Leben Einzug hielten – muss der Klang der „großen Krismannin" besonders eindrucksvoll, ja erschütternd gewesen sein. Zweifellos war er das auch für Anton Bruckner, den späteren großen Symphoniker, der als Sängerknabe im Stift seine musikalische Laufbahn begann. Die St. Florianer Orgel – die seit etwa 100 Jahren nach ihm benannt ist – war ihm zeitlebens Quelle der Inspiration für sein gewaltiges Werk. Nach den Jahren als Organist im Haus kehrte er immer wieder zurück, um während seiner Ferien zu spielen und zu komponieren. Das von Bruckner bewohnte Gästezimmer gibt es heute noch. Der Komponist ist ein gutes Beispiel für einen, der sich von der Atmosphäre des Ortes an sich sowie des Raumes der Stiftskirche beschenken ließ. Dort, wo Kunst und Musik, Architektur und Glaube eine so innige Verbindung eingehen. Daraus konnte er schöpfen. Und direkt unter seiner geliebten Orgel liegt er in der Gruft auch begraben.

Doch schon das Betrachten alleine weckt „musikalische Gedanken", wenn die Sinne auf Erkundungsreise gehen. Es ist ein Weg nach oben: Angefangen vom irdischen Glanz mit schimmernden Orgelpfeifen, vornehmer Stuckdekoration und poliertem Stein in perfekter Symmetrie hinauf zu den Gewölben, deren Fresken sich in den Himmel hinein öffnen, in Wolken und helles Blau. Ja, es ist ein Ort, wo Himmel und Erde sich näherkommen. Und da scheinen selbst die dargestellten Stationen des Martyriums des hl. Florian erträglich, immerhin gipfelnd in dessen Aufnahme in die Schar der Erlösten. Wieder ist alles gesäumt und bevölkert von den allgegenwärtigen Engelsfiguren, groß und klein. Welches Lied sie wohl anstimmen werden? Vielleicht ist es gerade „mein Lied"? Sind es just die Töne meines Herzens, die gerade klingen, angerührt von einer nicht mit Worten fassbaren Macht? Da ist es doch ein Leichtes, miteinzustimmen, und ein höchstpersönliches Gebet „hinaufzuschicken". Singend oder nicht.

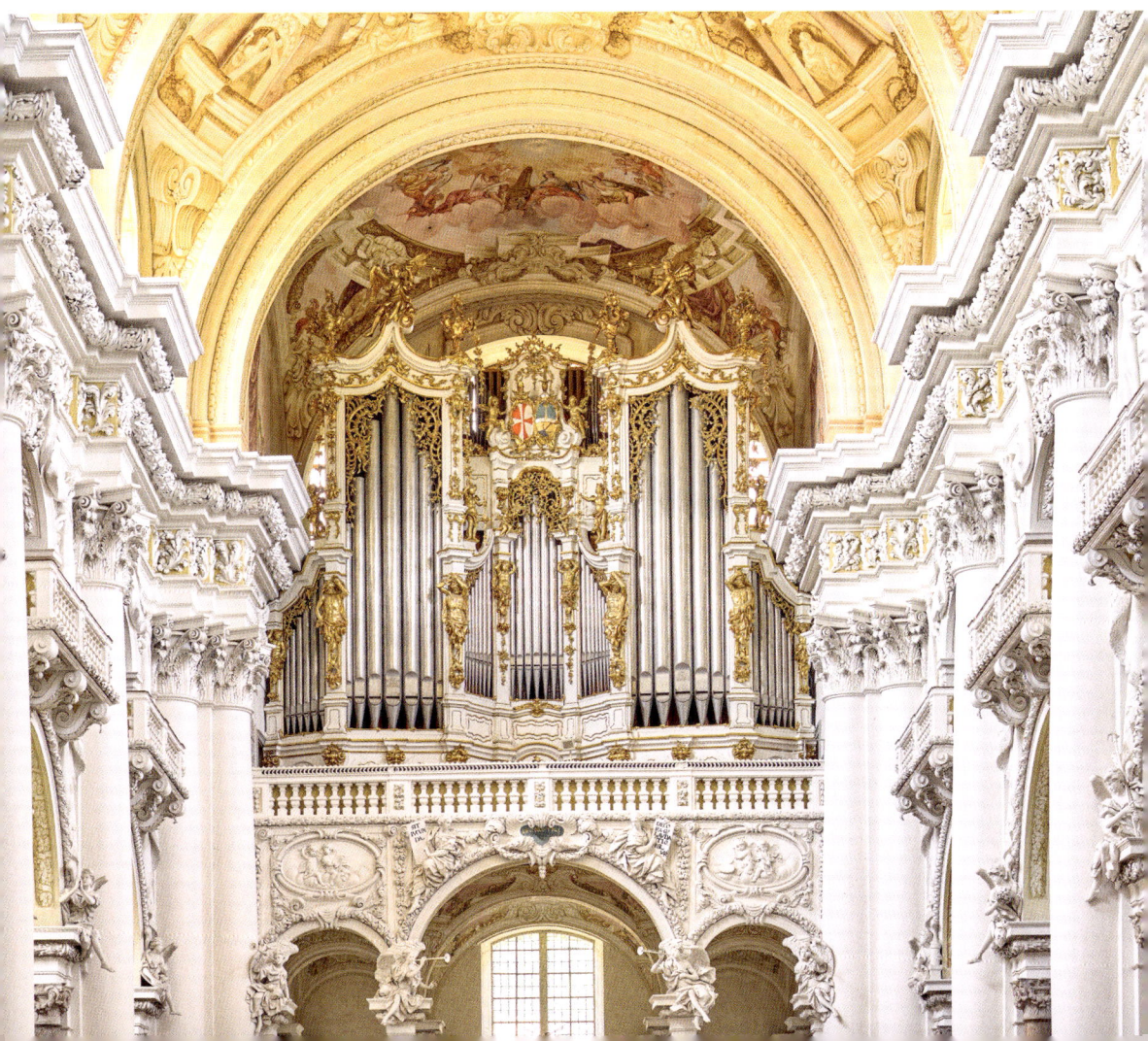

IM KLOSTERGARTEN AUSRUHEN MIT DEM HEILIGEN PLACIDUS

Pater Philipp Meyer, Benediktinerabtei Maria Laach

Es gibt viel zu sehen, auch in einem Kloster. Nicht wenige Touristen kommen nach Maria Laach, um sich das Kloster anzuschauen. Doch es kommen auch viele, um mit dem Herzen zu schauen, mit der Seele zu blicken und um zu versuchen, mit allen Sinnen zu erfassen und zu erfahren, was es heißen kann, die Gegenwart Gottes in sein Leben zu lassen. Unsere Kirchen, unsere Klöster scheinen nach wie vor Orte zu sein, von denen sich viele Menschen – glaubende oder nichtglaubende, suchende und fragende – erhoffen, Gehör zu finden oder zur Ruhe zu kommen. Nicht nur unsere Kerzenkapelle in Maria Laach gibt täglich beredtes Zeugnis davon durch die vielen Gebetsbitten und Anliegen, die Menschen dort aufschreiben können.

In einer Kirche, in einem Kloster kann man zur Ruhe kommen, den Blick fokussieren und sich neu ausrichten und all das nachjustieren, was im alltäglichen Leben in Schieflage geraten ist. Denn vieles bindet uns, unsere Blicke, unseren Geist, unsere ganze Existenz. Schon lange ist es nicht nur die Werbung, die grell, bunt und laut die Blicke auf sich zieht. Das Internet mit den unzähligen Nachrichten, Posts und Botschaften, die im Sekundentakt auf den Bildschirmen der Smartphones, Tablets und Computer aufploppen, hat eine gewaltige Kraft, der man sich kaum entziehen kann, auch wenn viele spüren mögen, dass der Mensch für die exorbitante Fülle an Nachrichten und Informationen gar nicht gemacht ist. Etliches von dem, was wir sehen, wirkt nach; im Denken haben wir täglich viel zu verarbeiten, und das kann uns ablenken und die Konzentration von wesentlicheren Dingen abziehen. Die Gedanken kreisen.

In unserem Klostergarten nahe der sogenannten Abtswiese gibt es den Schwanenweiher, eines von mehreren Auffangbecken unserer kloster-eigenen Quelle. Der Weiher liegt idyllisch und ruhig, entzieht sich den Blicken der Touristen und Gäste und ist ein wunderbarer Ort, den Blick

wieder zu klären. Zumal eine Statue dort genau diese Botschaft aussendet: der heilige Placidus. Er war einer von zwei Musterschülern des heiligen Benedikt, wie Papst Gregor der Große in seinem zweiten Buch der Dialoge zu berichten weiß. Placidus sollte Wasser am See holen, war mit seinen Gedanken aber ganz woanders, fiel in den See, wurde aber durch ein Wunder des Abtes Benedikt von seinem Mitbruder Maurus gerettet.

An unserem Schwanenweiher nun steht eine Lebensgroße Statue des jungen Placidus. Woran mag sie uns Mönche, die wir diesen Ort aufsuchen können, mahnend erinnern? Neben der Statue und dem Bachlauf, der das frische Quellwasser dem Schwanenweiher zuführt, stehen ein Tisch und zwei Bänke. Es ist wunderbar, dort zu sitzen, das Plätschern des Bachs zu hören und auf den Teich zu schauen. Placidus schaut übrigens weg – darum fällt er ja ins Wasser. Ich komme gern an diese Stelle, um wieder hinzuschauen, in mich zu schauen und zur Ruhe zu kommen. Was fesselt meine Blicke im Alltag und lenkt sie weg von meinem geistlichen Leben, von meiner Gottsuche? An diesem Ort im Garten, etwas verborgen hinter Linden und Kastanien, kann ich diesen Fragen auf den Grund gehen und, anders als Placidus, meinen Blick in die richtige Richtung lenken und nachjustieren, wenn ich zu viel im Kopf habe. Besonders eine Begebenheit verbinde ich mit diesem Ort. Im August 2022 – fast unsere ganze Gemeinschaft befand sich damals mit Corona in Quarantäne – war der Garten unsere einzige Zuflucht, um bei schönstem Sommerwetter nicht nur auf dem Zimmer sein zu müssen.

Über die Klosterpforte kam ein Anruf, ein Student möchte mich sprechen. Nur an der Luft, draußen, war ein Gespräch auf Distanz möglich.
Wir gingen an den Schwanenweiher und setzten uns. Er kenne mich
über das Abendgebet, mache eine Rennradtour über mehrere Tage und
habe mich persönlich kennenlernen wollen. Es ergab sich ein gut drei-
stündiges Gespräch über Gott und die Welt, über unseren Glauben,
meinen Weg ins Kloster und seine Suche nach Gott unter den Gege-
benheiten der heutigen Zeit.

Wir schauten auf Placidus. Ich erzählte ihm die Geschichte, und wir
stellten fest, dass uns beiden diese „Auszeit" am Schwanenweiher gut-
getan hatte; wir konnten unseren Blick fokussieren, uns im Gespräch
ausrichten auf das Wesentliche und Irrelevantes ein paar Stunden auf
die Seite schieben. Wir haben unseren Kontakt gehalten, und ich habe
das Gefühl, dass für diesen jungen Menschen Maria Laach ein wichtiger Ort geworden ist und er viel mitnehmen konnte von diesem über-
raschenden, spontanen Gespräch. Die Ruhe dieses besonderen Ortes,
an dem man, auch mitten im Kloster, ein Gefühl von Weite, von Gottes
durchwirkter Schöpfung und von Zeitlosigkeit bekommen kann, hat
eine ungeplante, unvorhergesehene Begegnung zu einem besonderen
Geschenk gemacht, welches uns beide bereichert hat.

Der heilige Placidus zeigt: Bevor dich manche Flutwelle des alltäglichen
Durcheinanders zu erfassen droht, halte inne. Bleib stehen, konzentrie-
re dich auf das Wesentliche und bitte Gott, er möge deinem Geist Weite
und deinem Herzen Offenheit schenken, um frei zu werden für sein
Wirken in unserer Welt und Zeit, in deinem Leben und in deinem Alltag.

HALTESTELLE FÜR DIE SEELE

Erzabt Wolfgang Öxler, Erzabtei St. Ottilien

Viele Besucher erleben unser Kloster für sich als eine Haltestelle für die Seele.

Nicht nur die schöne Umgebung macht St. Ottilien zu einer Haltestelle, sondern die Tatsache, dass hier viel gebetet wird, eröffnet neue Räume, wo unsere Seele wieder „anrufbar" wird. Daher lädt das Bild unseres Klosterweihers mit Blick auf die Kirche zu einer schöpferischen Pause ein.

Pausen – heilsame Unterbrechungen an Kraftorten.

Unsere Kirchenglocken ermahnen uns Mönche, die Arbeit niederzulegen und zum Gebet zu eilen. Kein Musikstück ist spielbar ohne Pausen. Die Pausen verleihen dem Musikstück den Rhythmus. Pausen sind Zwischenzeiten, die die Welt übersichtlich machen. Auch in den Psalmen gibt es Pausen. Sie werden mit dem Wort „sela" umschrieben. Gregor von Nyssa schlägt vor, es zu verstehen als eine Pause, die plötzlich eintritt, während ein Psalm gesungen wird, damit man hier einen zusätzlichen, von Gott geschenkten Gedanken empfangen kann.

„Ruht euch ein wenig aus", sagt Jesus zu seinen Jüngern. Vielleicht würde er heute sagen: Mach mal eine Pause! Jesus sucht die heilbringende Einsamkeit. Damit beweist er Verständnis für das, was der Mensch notwendig braucht.

Wir sollten nicht wesentlich mehr, sondern mehr Wesentliches tun.

Andersort

Refrain:

Ein guter Ort, Andersort, Gottes Wort – an diesem Ort,
wollte nicht leben Gott ohne dich – ich vertrau auf dich!

Das monotone Flüstern von uralten Liedern
Psalmen, Hymnen, Lobgesang;
getragen auf Gottes Gefiedern
flüstert Gott dir zu: Fang neu an!

Wahrhaft suchen mit weitem Herzen,
als Suchende mit Menschen gehn;
dafür brennen so manche Kerzen,
denn bei Gott kann alles geschehn.

(Text und Musik von Erzabt Wolfgang Öxler OSB)

EIN TAG IN KREMSMÜNSTER

Pater Anselm Demattio, Stift Kremsmünster

Gotteslob und Betrachtung

In die Stille des frühen Morgens hinein erklingt am Ende unseres langen Klostergangs eine Glocke. Während sich in der ersten Helligkeit der Dämmerung mancher noch gemächlich, mancher schon eilig durch den Gang bewegt, hat ein Mitbruder bereits den eisernen Zug der Glocke in die Hand genommen und läutet. Ihr mal sanfter, mal entschieden fordernder, mal aufmunternder Ton ruft uns Mönche zum Gebet, jeden Tag, morgens, mittags, abends. So ordnet sie den Tag und erinnert uns daran, Gott den ersten Platz im Leben zu geben. Ihr Schlag weckt nicht nur die Schläfrigen zu früher Stunde, sondern unterbricht im Laufe des Tages auch die Hektik und Betriebsamkeit, die selbst vor Klostermauern keinen Halt machen. Unterbrechung für den Blick aufs Wesentliche, so könnte man die Aufgabe unserer Glocke umschreiben.

Das Gebet, in dem wir Gott danken, ihn in unseren Anliegen bitten, ihm singen und auf sein Wort hören, das trägt und prägt den Tag im Kloster. Am frühen Morgen beschließt es die Ruhe der Nacht und gibt mit den ersten Worten dem Tag seine Richtung: „Herr, öffne meine Lippen,

damit mein Mund dein Lob verkünde." Wir Mönche im Stift Kremsmünster versammeln uns dazu im Kapitelzimmer, das früher einmal als
Kapitelsaal der Ort von Beratungen und Wahlen war. Daran erinnern
die Deckenfresken, die von Einsicht und Verständnis des weisen Kö-
nigs Salomo erzählen und damit die Mönche anspornen sollten, sich um
gute Ratschläge und kluge Entscheidungen zu bemühen. Heute findet
hier nur mehr eine Wahl statt, die jedoch für unser Haus von großer
Bedeutung ist, nämlich die Wahl eines neuen Abtes. Stille, Gebet und
praktische Verantwortung kommen in diesem Raum zusammen.

Inzwischen ist die Sonne aufgegangen und leuchtet hell durch die Fenster des Konventgangs. Nach dem Morgengebet feiern wir die Messe in der Michaelskapelle, die mit ihren alten Mauern und der stimmigen Einrichtung aus neuerer Zeit eine zur Besinnung einladende Klarheit atmet. Trotz der Frühe des Tages finden sich immer ein paar Gäste sowie Leute aus dem Ort und seiner näheren Umgebung ein. Für sie ist wie für uns Mönche der Gottesdienst eine tägliche Kraftquelle, ein Garten in der Zeit, in den Gott uns einlädt, um bei ihm zu verweilen.

Bei den vielen Aufgaben, Gesprächen, Verpflichtungen und Herausforderungen, die wie der Rhythmus des Gebets zum Leben im Kloster dazugehören, brauchen wir, wie alle Menschen, solche Oasen der Stille. Aber so ein Garten will gepflegt sein, was die monastische Tradition sehr genau weiß. Denn die eigenen Probleme werden durch einen Eintritt ins Kloster allein nicht einfach gelöst und die Fallstricke bleiben, weshalb es steter Übung, Mühe, ja des geistlichen Kampfes bedarf, um auf dem Weg zu bleiben. So heißt es von einem Wüstenvater, dass er jeden Tag einen neuen Anfang machte. Hinter diesen schlichten Worten steckt nicht weniger als ein täglicher Neuaufbruch, der uns trägen Menschen viel Kraft abverlangt.

Eine zentrale Rolle spielt die Ausdauer auch beim Mönchsvater und Patron Europas Benedikt von Nursia, der uns Benediktinern mit seiner Regel Richtschnur und Fundament gegeben hat. Wer darin jedoch simple Patentrezepte und Antworten sucht, wird nicht fündig. Ihr Inhalt gleicht vielmehr einem aus der Tradition und der reichen Lebenserfahrung Benedikts gewachsenen, gut bestückten Werkzeugkasten für das geistliche Leben. Mit ihm ausgestattet sollen die Mönche lernen, stabil in Gott verankert auf dem Weg der Nachfolge zu bleiben, durch alle Höhen und Tiefen hindurch. Vielleicht liegt in diesem Wissen um die Notwendigkeit, stets wach zu bleiben und in der Anstrengung nicht nachzulassen, eine tiefe entscheidende Weisheit des klösterlichen Lebens, die für das Leben überhaupt gilt. Nur die Mühen der Ebene des Alltags führen auf die Gipfel, machen es möglich, mit und in Gott die Fülle des Lebens zu entdecken. So rät ein altes Sprichwort: Halte die Regel des Klosters, dann hält die Regel dich.

Zu den Werkzeugen der Benediktusregel gehören neben dem Gebet in der Gemeinschaft auch das Schweigen und die geistliche Lesung, die *lectio divina*. Nach der Messe in der Früh ist dafür ein guter Zeitpunkt, denn gestärkt von der Liturgie, gesammelt und aufmerksam, noch nicht belastet von den Sorgen des neuen Tages, ist man bestens vorbereitet. Vor allem die Jüngeren von uns gehen dann gerne in einen besonderen Raum noch am Anfang der langen Reihe von Mönchszellen. Nur das Schild über dem Eingang verrät, was sich hinter der unscheinbaren Tür verbirgt. Das lateinische Wort „Oratorium" ist dort zu lesen, das nichts anderes bedeutet als Raum für das Gebet. Als vor einigen Jahren eine

freie Klosterzelle dazu umgestaltet wurde, ist für viele von uns ein wahrer Kraftort entstanden. Öffnet man die Tür, tritt man in einen ruhigen, in angenehmen Pastellfarben gehaltenen Raum, auf dem Holzboden ein paar Gebetsschemel und Bücher. Vor dem Fenster steht eine schlichte moderne Holztruhe als Altar mit einem Kästchen als Tabernakel darauf. Nur eine kleine Marienfigur und das einfache Kreuz an der Wand schmücken den Raum. Jemand hat die beiden Kerzen auf dem Altar entzündet und das Fenster geöffnet.

Kühle Morgenluft strömt ins Zimmer, und der Blick wandert hinaus zu den Bergen am Horizont, wie sie jetzt in der Morgensonne stehen, und hinüber zu den Feldern auf der anderen Talseite. Vom Ort her ist der Verkehr zu hören, doch die Vögel geben sich mit ihrem Konzert redlich Mühe, den Himmel nicht dem Lärm der Straße zu überlassen. Im

eucharistischen Brot gegenwärtig wacht hier Christus mit uns. Vor ihm sitzen oder knien wir still, nachdenkend, im Gebet, zur Meditation und oft mit einem Buch zur Hand. Das Lesen in der Heiligen Schrift ist für Benedikt ein großes Anliegen, ja die beste Zeit des Tages soll der Mönch dafür frei sein. Es geht bei der Lektüre einer Bibelstelle vor allem darum, konzentriert dabei zu sein, sie zu betrachten und versuchen zu erspüren, was mir persönlich Gott darin sagen will. Wo er mich anspricht, mir begegnen will, wo sein Wort Kompass in meinem Leben sein kann.

Lectio divina ist also hörendes Lesen und lesendes Hören – ein zentraler Begriff, beginnt doch Benedikt mit dem Wort „Höre!" seine Regel. Die stille Betrachtung und das persönliche Gebet in den Alltag einzubauen, ist unschätzbar wichtig und notwendig, nicht ohne Grund gehört diese Praxis zum Kern der reichen geistlichen Erfahrung vieler Generationen von Mönchen und Nonnen. Denn sie ist wie eine stets sprudelnde Quelle, dessen klares Wasser belebt, auf Durststrecken durchhalten hilft und vor dem inneren Austrocknen bewahrt, was selbst im Kloster vorkommen kann. Bei uns im Stift ist unser kleines Oratorium ein wunderbarer Ort, eine Oase, eine geistliche Ladestation, an dem wir die Möglichkeit haben, in der Stille Kraft zu tanken. So gestärkt mag der neue Tag kommen, mit all dem, was uns da erwarten wird.

Von der Arbeit im Kloster

Nach dem geistlichen Morgenprogramm gehen wir Mönche von Kremsmünster unseren Arbeiten nach, in denen sich die Herausforderungen von heute wie unsere lange Geschichte widerspiegeln. Der eine macht sich auf den Weg zum Unterricht an unserem Stiftsgymnasium,

das offiziell bereits seit dem Jahr 1549 besteht. Alt ist ebenfalls das Interesse der Mönche für Gottes Wirken in der Natur, für die Pflanzen in Feld und Garten und die Sterne am Himmel, das Ausdruck in unserer großen Sternwarte gefunden hat. Um ihre Sammlungen und die Wetterstation kümmert sich eigens ein Mitbruder. Immerhin wird bei uns seit etwa 250 Jahren jeden Tag das Wetter beobachtet. Ja, es ist gut benediktinisch, spirituell tief im Gebet verwurzelt über Gott nachzudenken und gleichzeitig ganz geerdet im Hier und Jetzt zu leben. Sehr schön zeigt das ein Gemälde in der Kapelle der Sternwarte, auf dem der heiligen Benedikt zu sehen ist, wie er – so erzählt es Papst Gregor in der Vita Benedikts – in einer Vision den ganzen Kosmos in einem einzigen Lichtstrahl erblickt. Engel halten ein Textband mit einem Satz über den Heiligen, den man frei so übersetzen könnte: „Mit beiden Beinen auf der Erde stehend, wohnte er mit dem Herzen im Himmel." Besser kann man es nicht zusammenfassen.

Die meisten Mitbrüder bestellen Äcker und Felder, auf denen man sie aber kaum mit einer Harke oder einem Rechen in der Hand antreffen dürfte. Sie wirken als Priester und Seelsorger in den uns zum Teil schon seit Jahrhunderten anvertrauten Pfarreien, die rund um das Kloster verteilt sind. Menschen begleiten, die Messe feiern, Angebote für junge

Leute organisieren, Kinder taufen und Verstorbene zu Grabe tragen, es ist das Leben in all seinen Höhen und Tiefen, dem wir begegnen, das wir teilen und in unser Gebet hineinnehmen. Auf vielfältige Weise strahlt das Kloster als geistliches Zentrum in sein Umfeld aus und verbindet uns Mönche mit nicht wenigen Menschen in Nah und Fern.

All diese Aktivitäten sind dabei keine ärgerliche Einschränkung spiritueller Übungen oder notwendiges Übel zum Geldverdienen, sondern bilden einen wesentlichen Bestandteil des monastischen Lebens, und das seit seinen Anfängen in der Wüste. So schreibt auch Benedikt den Mönchen vor, dass sie nicht müßig sein, sondern wie die Apostel von ihrer Hände Arbeit leben sollen. Nicht umsonst lautet die, allerdings erst im 19. Jahrhundert erfundene, prägnante Zusammenfassung der benediktinischen Lebensweise: *Ora et labora*, bete und arbeite. Beide Teile gehören zusammen, sind wie die zwei Seiten einer Medaille.

Es mag zwar manchmal mühsam sein, im Alltag ihr Verhältnis gut auszutarieren, aber sie braucht es beide für ein ausgewogenes geistliches Leben, ob im Kloster, als Single oder in einer Familie. Die Arbeit hilft, den Ablenkungen zu entgehen und die Konzentration zu schulen. Obwohl das nicht immer gelingt, trägt sie auf ihre Weise dazu bei, die Fähigkeit zur Sammlung einzuüben, was nebenbei die stille Betrachtung und das Gebet fördert. Umgekehrt schärfen die stillen Zeiten der Meditation den Blick für die Probleme bei der Arbeit, sodass man vielleicht gelassener, vielleicht mutiger die Aufgaben anpacken kann. Bereits die Wüstenväter schätzen die Arbeit und deren spirituelle Dimension. Für sie wird im Bild der Müßige von vielen Dämonen geplagt, der Arbeitende jedoch nur von einem. Die Regel Benedikts versteht die Arbeit in erster Linie als Dienst, den der Mönch an Gott, an der Gemeinschaft, an den Mitmenschen, der Kirche, ja der Welt überhaupt tut. Dabei geht es nicht um beruflichen Erfolg, sondern um das Wohl der Gemeinschaft und um einen Rahmen, in dem der Einzelne in Demut und liebevoller Aufmerksamkeit wachsen kann. Sie soll also im geistlichen Sinn Fortschritt auf dem Weg der Nachfolge ermöglichen, wertvolle Beziehungen innerhalb und außerhalb des Klosters schaffen, kurz: ein Segen sein.

Mahlzeit

Neben dem Gebet, der Arbeit und der Lesung gibt es noch ein viertes Element, das im Leben jeder Klostergemeinschaft eine zentrale Rolle spielt. Vielleicht weil dies so naheliegend wie natürlich ist, wird es leicht übersehen, gemeint sind die gemeinsamen Mahlzeiten. Bei uns Benediktinern hat das Essen in der Gemeinschaft einen hohen Stellenwert, ja formt die Gemeinschaft und macht sie sichtbar wie das vereinte Beten in der Kirche. Daher legt Benedikt großen Wert darauf, dass keiner zum Tischgebet zu spät ist oder sich zwischendurch irgendwo bedient, um nicht kommen zu müssen. Die Bedeutung der Mahlzeiten zeigt sich darüber hinaus an dem dafür reservierten Ort, der im Kloster meist den Namen Refektorium trägt. Der leitet sich vom lateinischen Wort

„*reficere*" ab, das so viel wie „erneuern" oder „erfrischen" bedeutet. Im Namen steckt die Funktion des Raumes: Es ist ein wahrer Kraftort, denn hier werden die Energievorräte von uns Mönchen nach einem anstrengenden Vormittag wieder aufgefüllt. Dabei geht es allerdings um weit mehr als eine äußerliche Stärkung, schließlich darf der Mönch in einem Refektorium auch innerlich neue Kräfte tanken, was schon die Gestaltung eines solchen Raumes deutlich macht.

Wir in Kremsmünster haben zwar kein mittelalterliches Refektorium mehr, das von so wunderbarer Harmonie und Eleganz wäre wie jenes am Mont Saint Michel oder im Kloster Maulbronn, doch ist unser barockes Refektorium aus dem 17. Jahrhundert auf seine Weise nicht weniger ansprechend und geschmackvoll. In der Tat handelt es sich um einen der schönsten Räume des ganzen Stiftes: Ein mit Stuck und Malereien geschmückter Festsaal, dessen Fenster einen herrlichen Ausblick auf die nahen Berge gewähren. Die Fresken an der Decke stellen die Speisung der Israeliten mit dem Manna bei ihrem Zug durch die Wüste sowie die wundersame Brotvermehrung Jesu am See von Genezareth dar. Gott handelt mächtig in diesen Geschichten, nährt sein Volk und sichert so sein (Über-)Leben.

Auch wir dürfen uns getragen wissen von der Fürsorge Gottes und uns voll Dankbarkeit über eine dampfende Suppe, frisch gekochtes Gemüse aus unserer Gärtnerei oder über ein knuspriges Schnitzel freuen. An Sonntagen oder Festen steht neben dem erfrischend kühlen Quellwasser – direkt aus dem munter plätschernden Brunnen im Refektorium – noch ein Gläschen Wein, der in unseren Weingärten gewachsen ist. Wenn wir nach einem Schluck aus dem Glas den Blick durch den Raum schweifen lassen, fällt im Eck neben dem Platz des Abtes ein ungewöhnliches Möbel auf, das man eher in einer Kirche vermuten würde: eine reich verzierte hölzerne Kanzel aus dem 18. Jahrhundert. Sie dient hier jedoch nicht zur Predigt, sondern ist der Platz des Lesers, der während des Essens einen Abschnitt aus der Bibel und einige Seiten aus einem Buch zu einem geistlichen, historischen oder sonst interessanten Thema vorträgt. Schließlich darf nach Benedikt die Lesung bei Tisch nie fehlen, damit die Mönche dort die Stille und Sammlung bewahren. Hier wird deutlich, wie sehr unsere Mahlzeiten neben dem rein profanen vor allem einen geistlich-spirituellen Charakter haben. Beinahe an jedem Tag steigt nach dem Tischgebet reihum ein Mitbruder die Stufen hinauf und beginnt seine Lektüre. Er fährt fort, bis der Abt, in der Regel nach der Suppe, mit einem kleinen Glöckchen das Zeichen gibt, dass nun gesprochen werden darf. Erst ganz zum Schluss wird es wieder leise, wenn der tägliche kurze Abschnitt aus der Benediktsregel vorgelesen wird.

Nach dem Mittagessen trinkt der ein oder andere dann noch einen Kaffee oder zieht sich für eine Siesta zurück. Manchen zieht es noch hinaus ins Freie zu einem kurzen Gang durch unseren Garten. Hohe Laubbäume im frischen Grün bilden dort eine kleine Allee, in deren Mitte sich an einer Wegkreuzung ein alter steinerner, runder Brunnen befindet. Schon auf alten Stichen ist er an dieser Stelle zu sehen, so dass sich wohl viele Mönche vor uns über das Sprudeln und Rauschen seiner Wasser gefreut haben. Auf einer Bank neben dem Brunnen lässt sich gut rasten. Schön, wie das glasklare Wasser aus kleinen Rohren in der oberen Schale hinunter in die untere große Schale strömt und dazu die Vögel singen. Man könnte da beinahe vergessen, dass es am Nachmittag noch einiges zu erledigen gilt.

Eine ruhige Nacht und ein gutes Ende

Ein paar Minuten vor 18 Uhr erklingt hell und voll das Geläut der Stiftskirche, denn gleich beginnt die Vesper, das Abendgebet im Kloster. Die Glocken zeigen an, dass für heute das Tagewerk getan und die Arbeit geschafft ist. Doch all die E-Mails und Gespräche, die Predigt für den nächsten Sonntag, die Schulstunden und Sitzungen wirken noch nach. An vollen Tagen fällt es manchmal nicht leicht, loszulassen und sich für das Gebet zu öffnen. Da helfen die paar Minuten in Stille, bevor wir gemeinsam aus der Sakristei in die Kapelle zur Vesper ziehen. Auch am Abend nehmen ein paar Gläubige von außen an unserem Gebet teil. Im Gesang der Psalmen versuchen wir, der Kraft dieser jahrtausendealten Texte Raum zu geben und uns in die Gegenwart Gottes zu stellen. An die Vesper schließt sich das Abendessen an, das wir wiederum in unserem schönen Refektorium halten. Wie zu Mittag wird dabei gebetet, gelesen und ein wenig geplaudert.

Unmittelbar nach dem Abendessen folgt der letzte Programmpunkt des Tages, das Nachtgebet mit dem Tagesabschluss, der Komplet. Dafür kommen wir – wie in der Früh – im Kapitelzimmer zusammen. Weil die Dämmerung bereits eingesetzt hat, reichen die beiden Kerzen auf dem Altar nicht aus. Der Reihe nach gehen im Chorgestühl die an jedem Platz befestigten kleinen Lampen an, die mit ihrem warmen Licht für eine Atmosphäre der Sammlung und Geborgenheit sorgen. Stille, Psalmengebet, eine längere Lesung. Wir schauen zurück, halten Gott den Tag hin und vertrauen ihm unser Leben an. Schließlich segnet uns der Abt für die Nacht: „Eine ruhige Nacht und ein gutes Ende gewähre uns und den abwesenden Mitbrüdern der allmächtige Gott." So schließt sich der Kreis. Durch den dunklen Konventgang gehen wir zurück auf unsere Zimmer. Es herrscht Stille. Bis dann am nächsten Morgen die Glocke wieder läutet und der neue Tag im Kloster mit dem Gebet beginnt.

PULLED PORK MIT COLE SLAW UND COUNTRY POTATOES

Von Küchenchef Carsten Bengel, Abtei Maria Laach

Pulled Pork

ZUTATEN

1 Schweinenacken
200 g Rübenkrautsirup
3 Flaschen 0,33 Laacher
Klosterbier (dunkel)
0,5 l Coca-Cola
1,5 kg Zwiebeln

3 Knoblauchzehen
200 ml Whisky
Paprikapulver
Salz
Pfeffer
Kartoffelstärke

ZUBEREITUNG

- Schweinenacken mit Salz, Pfeffer und Paprikapulver einreiben
- Zwiebeln und Knoblauch schälen
- Schweinenacken mit den Zwiebeln und den Knoblauchzehen in eine Auflaufform legen und mit 100 ml Whisky, zwei Flaschen Bier, der Cola und dem Rübenkrautsirup übergießen
- Im Ofen bei 110 °C – bei einer Kerntemperatur von 88 °C bis 92 °C – schmoren. Fleisch immer wieder wenden
- Bei erreichter Kerntemperatur Fleisch aus dem Ofen nehmen und zerrupfen
- Den Fond mit den Zwiebeln in einen Topf geben, eine Fl. Bier und 100 ml Whisky hinzugeben, aufkochen, abschmecken. Stärke mit etwas Wasser verrühren, mit dem Fond verrühren und dann über das zerrupfte Fleisch geben

Cole Slaw

ZUTATEN FÜR DEN SALAT
½ Kopf Weißkraut
1 Tl Salz
1 Pr Pfeffer
250 g Karotten
1 große Zwiebel

ZUTATEN FÜR DAS DRESSING
2 Becher Sauerrahm
2 El Weinessig
1 El Zucker
1 El Mayonnaise
1 Schuss Zitronensaft

ZUBEREITUNG
- Zuerst das Weißkraut fein hobeln und mit Salz vermengen, die Mischung 1 ½ Stunden stehen lassen, um dem Weißkraut die Flüssigkeit zu entziehen
- Danach mit den Handballen alles kräftig ausdrücken und abtropfen lassen. Die Karotten raspeln, Zwiebel schälen, würfeln und hinzufügen
- Für das Dressing den Sauerrahm, Mayonnaise, Weinessig, Zitronensaft und Zucker verrühren und alles gut mit dem Gemüse mischen
- Den Salat mit Salz und Pfeffer nochmals abschmecken und für mindestens 3 Stunden zugedeckt, im Kühlschrank, durchziehen lassen

Country Potatoes

ZUTATEN

1 kg Kartoffeln (festkochend)

Olivenöl

Rosmarin

Salz

Pfeffer

Paprikapulver

ZUBEREITUNG

- Die Kartoffeln schälen und in Spalten teilen
- Diese im Olivenöl marinieren und mit den Gewürzen verfeinern
- Im vorgeheizten Ofen bei 200 °C (Umluft 180 °C) auf einem mit Backpapier ausgelegten Blech 40 bis 50 Minuten backen

Alles Notwendige

Benediktusregel 66,6-7

Das Kloster soll, wenn möglich, so angelegt werden, dass sich alles Notwendige, nämlich Wasser,
Mühle und Garten, innerhalb des Klosters befindet und die verschiedenen Arten des Handwerks
dort ausgeübt werden können. So brauchen die
Mönche nicht draußen herumlaufen, denn das ist
für sie überhaupt nicht gut.

EIN ORT DER STILLE UND DES GEBETS

Pater Mateusz Micek, Kloster Blieskastel

Die Arbeitswelt mit ihren ständig sich ändernden Anforderungen an die Menschen, die Industrialisierung und Globalisierung führen zu einem stetig steigenden Leistungsdruck, zu Hektik und Stress. Viele fühlen sich dem Druck nicht mehr gewachsen, die Arbeit macht krank oder psychisch labil. Niemals zuvor war die Belastung so groß wie heute. Resultat: Die Seele leidet.

Wie gut, wenn man in solchen Situationen glauben kann, glauben, dass da einer ist, der mich trägt und für mich da ist, glauben, dass da einer ist, der mich versteht und hält, wenn alles um mich herum zusammenzubrechen droht. Und das sind dann die Momente, in denen die Menschen Halt suchen in der Abgeschiedenheit unserer Gnadenkapelle oder in unserer Klosterkirche, um bei Gott und bei Maria loszulassen, Kummer und Sorgen zu vergessen und in die Stille hineinzuhören, in die Stille des Gotteshauses ebenso wie in die Stille ihrer Seele.

Die zahlreichen Opferkerzen, die kurzen Bitt- und Dankgebete in den ausliegenden Intentionsbüchern geben Zeugnis vom Besuch der Gnadenstätte. Wind und Wetter können die Gläubigen nicht davon abhalten, gerade bei unserem Gnadenbild „Unserer Lieben Frau mit den Pfeilen" Rat und Trost zu suchen oder Gott oder der Muttergottes für eine Gebetserhörung Dank zu sagen.

Das Gnadenbild ist eine Pieta, eine Darstellung Mariens mit dem toten Jesus in ihren Armen. Unsagbar großen Schmerz hat der Eremit, der das Bildnis im 14. Jahrhundert geschnitzt hat, zum Ausdruck gebracht. Die Pieta teilt das Schicksal von so manchen Reliquien, denn sie wurde geschändet. Vagabunden, die von dem Eremiten Geld erpressen wollten, beschossen das Bildnis aus Rache mit Pfeilen, weil bei dem armen Mann nichts zu holen war. Aus den Stellen, in denen die Pfeile in das Holz drangen, floss Blut. Dieses Blut hatte heilende Wirkung. Die Heilung von Augenleiden und einige andere Blutwunder sind bezeugt.

Die Erbauer unseres Klosters waren sich der Tatsache bewusst, dass Franziskus seinen Glauben in der Abgeschiedenheit eines Klosters im Einklang mit der Natur lebte. Darauf legten sowohl die Kapuziner der Bayerischen Ordensprovinz als auch wir Franziskaner-Minoriten aus der Provinz Krakau großen Wert.

Zahlreiche Darstellungen im Klosterpark erinnern an unseren Ordensgründer einerseits – und die Geschichte des Gnadenbildes „Unserer Lieben Frau mit den Pfeilen" andererseits. Sie laden zum Verweilen ein. Sie erleichtern die Besinnung auf das Wesentliche, sind alle Wegweiser zu Gott.

Entgegen der weitläufigen Meinung, dass heutzutage keiner mehr beichten geht, nimmt die Zahl der Menschen, die sich uns in der Abgeschiedenheit des Klosters anvertrauen, um mit Gott ins Reine zu kommen und einen Neuanfang zu wagen, zu unserer großen Freude stetig zu. So halten wir seit Jahren an großzügigen Beichtzeiten fest, damit auch Berufstätige die Möglichkeit haben, das Sakrament der Versöhnung zu empfangen, damit ihre Seele – mit Gott versöhnt – zur Ruhe finden kann.

Auch wir Patres sind manchmal sehr gefordert. Wie schön ist es dann, wenn man sich zum persönlichen Gebet in die Hauskapelle, die Gnadenkapelle oder in die Klosterkirche zurückziehen kann, um wieder neu Kraft zu tanken für die uns aufgetragenen Aufgaben im Dienst an den Menschen.

Kein Flüstern

Benediktusregel 38,5

Es herrsche größte Stille. Kein Flüstern und kein Laut seien zu hören, nur die Stimme des Lesers.

DIE BIBLIOTHEK – EINE SPURENSUCHE

Abt Beda Maria Sonnenberg, Benediktinerabtei Plankstetten

Mit 56 Jahren kommt einem immer wieder der Gedanke, welch großes Glück man doch in der Kindheit und Jugend hatte. Wege werden dadurch erkennbar, dass man sich auf einer etwas erhobenen Position umdreht und zurückschaut. Und bei klarer Sicht sieht man dann einen Weg oder vielleicht sogar mehrere Wege.

Bücher zogen meine Eltern nahezu magisch an. Sie waren Mitglied beim Bertelsmann Buchclub und suchten bei ihren Aufenthalten in der Stadt Erlangen immer wieder dieses Buchgeschäft auf, um sich mit Lesestoff einzudecken. Ich kann mich noch sehr gut daran erinnern, wie wir die ausgelegten Bücher anschauten und durchblätterten. Als Kind hat mich das geprägt. Und bis zum heutigen Tag will es mir nicht gelingen, an einem Buchgeschäft oder Antiquariat einfach vorbeizugehen.

Denke ich an Bücher und Bibliotheken, taucht eine andere Erinnerung in mir auf, die zunächst einmal gar nichts mit Büchern zu tun hat. Als Kind machte ich mit meinem Vater und meinen zwei älteren Brüdern einen Ausflug an den Main-Donau-Kanal in der Nähe der Schleuse Hausen bei Forchheim. Und in mir erwachte der Wunsch, in späteren Zeiten an einer solchen Wasserstraße zu wohnen. Ein Wunsch, der sich erfüllen sollte, als dieser Kanal 1993 in unmittelbarer Nähe unseres Klosters gebaut und eingeweiht wurde. Und das führt uns wieder zu den Büchern. Aber dazu später mehr.

Als ich in Eichstätt begann, Theologie zu studieren, war ein Besuch der Universitätsbibliothek unumgänglich. Doch richtig interessant wurde es, als ich während meines Studiums an der Ludwig-Maximilians-Universität München die Handschriftenabteilung der Bayerischen Staatsbibliothek aufsuchte und mich dort mit spätmittelalterlichen Handschriften beschäftigte. Um die Lizentiats- und später die Doktorarbeit anfertigen zu können, waren Bibliotheksreisen nach Erlangen, Bamberg, Salzburg und Wien notwendig. All das hat mich tief fasziniert. Diese Bücher, deren Inhalt bis zum heutigen Tag noch nicht erschlossen ist, bilden die großen Unbekannten, die unser heutiges Wissen auf eine noch zu entdeckende Weise relativieren. In Erinnerung ist mir der

Satz meines Doktorvaters geblieben: „Lesen macht demütig!" Aus diesem Grund finde ich, dass eine Bibliothek nicht weniger bedeutend ist als ein sakraler Raum.

Was die Faszination für Bücher, wie ich sie aus meinen Kindertagen kannte, noch überbot, war die Generalsanierung der Abtei Plankstetten, die in den Jahren 1999/2001 durchgeführt wurde. Die Sanierungsarbeiten begannen nämlich ausgerechnet in der Bibliothek. Es mangelte an Platz für die Bücher, es fehlten Büros, und so mussten die Räumlichkeiten erweitert werden. Das Geschoss, das sich über der ehemaligen Mälzerei befand, wurde für den Lesesaal, die Bibliotheksbüros und das Archiv umgebaut. Und im Dachgeschoss entstanden im Zuge der statischen Ertüchtigung des Gebäudes zwei große Magazinräume.

Als mich dann Abt Gregor Maria Hanke OSB im Jahr 2000 zum Bibliothekar ernannte, wurde meine Faszination aus der Kindheit noch einmal überboten: Bibliothekar, eine neue Bibliothek, ein Erwerbsetat, eine professionelle Einarbeitung des Bestands in den virtuellen Katalog der Universitätsbibliothek Eichstätt ... Dazu kam noch die Aussicht auf die große Wasserstraße, den Main-Donau-Kanal, den ich bereits in meiner Kindheit so bewundert hatte. All das ist ein Geschenk des Himmels oder der Eintritt in den Keller der Weisheit.

Die Bibliothek befindet sich heute im Brauhaus der ehemaligen Klosterbrauerei Plankstetten, einem Gebäude, das in seinen Fundamenten bis ins Spätmittelalter zurückreicht. Ca. 75 Prozent des Gebäudes werden für die Bibliothek mit ihren 125 000 Bänden genutzt. Im ehemaligen Sudhaus der Brauerei, ausgestattet mit einer Regalanlage aus

Stahl, wird der Großteil des Magazins aufbewahrt. Der Lesesaal bietet einen großen Tisch, sechs Stühle und Holzregale, die in unserer Klosterschreinerei angefertigt wurden. Durch die vollständige Einrichtung aus Buchenholz ergibt sich eine wunderbar angenehme Atmosphäre, die Geborgenheit und Ruhe ausstrahlt. Ein Nebenraum, den wir Medienraum genannt haben, birgt einen Einzelarbeitsplatz, umgeben von Regalen, in denen sich die philosophische Literatur, Philologie und Kunstgeschichte befinden.

Am besten arbeite ich in einer Atmosphäre der völligen Stille; die Bibliothek mit ihren verschiedenen Räumen vermittelt diese Ruhe, die ich brauche, um die Aufgaben eines Bibliothekars exakt ausführen zu können. Es sind vor allem die Morgen- wie auch die Abend- und Nachtstunden, die mich einladen, mit den Büchern zu kommunizieren. Da ich viele Arbeitsschritte selbst mache und zum Schluss auch alle Bücher persönlich ins Regal einstelle, entdecke ich immer wieder Werke, die in mir eine tiefe Faszination auslösen, mich inspirieren und mich auf neue Gedanken bringen.

Die bibliothekarische wie auch die wissenschaftliche Arbeit lehrt mich, genau zu lesen und aufmerksam zu sein. Und immer wieder erweckt das gründliche Lesen eines Buchs oder Artikels – vor allem auch der Fußnoten – in mir den Eindruck einer umfassenden Gleisanlage mit vielen Schienensträngen und Weichen, die auseinander und zueinander führen. Bücher leiten uns hinaus ins Weite, vom Hundertsten ins Tausendste, und sie können eine Lawine von Buchbestellungen auslösen, gerade wenn man auf einen Inhalt gestoßen ist, der einen fasziniert.

Bücher entwickeln ihre Spannung eigentlich erst, wenn man aufmerksam und intensiv lebt. Ich beobachte etwas im Leben, stoße auf ein Phänomen, das meine Aufmerksamkeit fesselt, mich berührt und nachdenklich macht: Das kann ein Text sein, der mir in der Liturgie oder im geistlichen Leben begegnet, oder die Erzählung eines Gastes aus seinem Lebenskontext. Was einen immer wieder bewegt, sind geschichtli-

che Zusammenhänge, ein gutes Essen, ein Getränk … Mich beschäftigt, was sich dahinter verbirgt, was früher passiert ist, oder wie ein gutes Essen gekocht, ein Bier gebraut wird. Die Bücher ebnen den Weg in die Wirklichkeit, die dahinter steht. Auf diesem Weg, der mir wie ein Eisenbahngleis erscheint, kommen neue Weichen, die das Interesse in eine andere Richtung lenken, wodurch sich wieder neue Kontexte und Zusammenhänge ergeben. Bücher sind so etwas wie ein Reiseführer des Lebens, der immer wieder neue Inhalte und Themen vorstellt, die es zu erkunden gibt.

An einem ganz einfachen Beispiel möchte ich das illustrieren: Bereits ein Jahr nach dem Beginn der Kooperation der Abtei Plankstetten mit dem Riedenburger Brauhaus wurde das Plankstettener Dinkelbier mit dem Spezialitätenpreis der CMA (Centrale Marketing-Gesellschaft der deutschen Agrarwirtschaft mbH) ausgezeichnet. 2006 erschien das von Michael Rudolf und Ivo Schweikhart verfasste Buch *Die 100 besten Biere der Welt*. Eine zweite, aktualisierte und überarbeitete Auflage folgte 2014. Liest man das Vorwort der zweiten Auflage, wird einem sofort das Bild einer umfassenden und die Sinne verwirrenden Gleisanlage bewusst. Denn hier heißt es: „Die Welt erscheint uns seit Jahren, vielleicht sogar Wochen unübersichtlich. Nicht alles, was ist, ist vernünftig. Daher werden wir oft genug von der Wissen- und Verwandtschaft oder vom TV nach dem besten Bier ebendieser Welt gefragt."

Das Buch erweckt den Eindruck eines Katalogs: Rechts die Abbildung einer Bierflasche, links ein detaillierter Steckbrief mit einer Erlebniserzählung. Das provoziert die Neugier: Wo stehen wir mit unserem Bier? So schnell zu finden ist es gar nicht: Unter R wie „Riedenburger" steht es nicht. Vielleicht unter P wie „Plankstetten"? In der Tat, dort ist es zu finden: „Plankstettener Dinkel naturtrüb". Interessant ist der Text: „Überragend. Schockierend einfallsreich, übersprudelnd vor aromatischen Nuancen. Noch einen Eichstrich weiter lappt das Spezial naturtrüb ins Biermetaphysische. Und beim Dunkel naturtrüb werden selbst wir für zwei Minuten religiös ..." Deckt sich das mit meinen Erfahrungen? Meine Gedanken gehen weiter, und es erwächst die spannende Frage: Was gibt es noch an verlockenden Bieren? Ich blättere in dem Buch wie in einem Katalog und finde das „Andechser Vollbier hell" oder „Westmalle Tripel", ein Trappisten-Bier aus Belgien. Mir fällt auf: „Orval" – ist das nicht ein Zisterzienserkloster in Belgien? Ich recherchiere im Internet: In der Tat! Und erst kürzlich hörte ich über dieses Kloster in der abendlichen Tischlesung! Ein Kloster, das vom heiligen Bernhard von Clairvaux gegründet wurde und das ich vor zwei Jahren besuchen wollte ... Ich komme vom Hundertsten ins Tausendste und lese nach. Nein! Der heilige Bernhard hat damit nichts zu tun.

Ich schaue jetzt aus dem Fenster meines Bibliotheksbüros auf das Tal. Die Bibliothek ist nur dann interessant, sie wird nur dann zum Erlebnis, wenn ich meinen Blick aus dem Buch erhebe und hinausschaue – im wirklichen wie im übertragenen Sinn. Das Buch schickt mich auf eine Entdeckungsreise. Es gilt, das eigene Kloster mit neuem Blick zu entdecken oder „die Mauern zu überspringen", um die Welt jenseits der

Klostermauer zu erkunden. Mit meinem neuen Wissen an diesem Ort entdecke ich Neues, was mich bewegt, fasziniert und interessiert. Nun gehe ich zurück und fange wieder an zu lesen, bis ich Neues entdecke. Auf diese Weise wachsen in mir neue Erkenntnisse, die es zu diskutieren und viellcicht einzuführen oder auszuprobieren gilt.

Vor mehreren Jahren kam mir der „innovative" Gedanke, dass alle Verantwortlichen im Kloster wie in den Klosterbetrieben wöchentlich eine Stunde während ihrer Arbeitszeit lesen müssten, um auf neue Ideen zu kommen. Natürlich: Allein das genügt nicht! Es braucht den Besuch anderer Orte, um auf neue Gedanken zu kommen, die durch Lesen und Studieren erweitert oder korrigiert werden. Und deswegen braucht es Bibliotheken, Lesesäle und Arbeitsräume, um lesen, schreiben, hinterfragen und diskutieren zu können.

„SALVE REGINA"

Abt Nikolaus Thiel, Stift Schlierbach

M it der Schlierbacher Madonna verbindet uns Mönche des Schlier-bacher Konvents viel. Zwar ist diese Madonna erst 1925 im Kreuz-gang unseres Klosters aufgestellt worden, aber sie ist seitdem eine „Hausmutter". Hier singen wir - als Abschluss der vorangehenden Feier in der Kirche – nach unserer Profess, nach der Priesterweihe das „Salve Regina". Hier werden wir auch aufgebahrt und hier beginnt unser letz-ter Weg, das Begräbnis beginnt vor der Madonna mit einem Gruß an die Gottesmutter.

Die Madonna steht in einer Nische im nördlichen Teil des Kreuzganges, analog den gotischen Brunnenhäusern. Die Schlierbacher Madonna zählt zu den schönsten Madonnenbildnissen des Landes. In Kleidung und Haartracht des 14. Jahrhunderts dargestellt, hält sie in einer Hand das Christuskind, in der anderen eine Traube, das Symbol der Fruchtbarkeit und der Gnade. Wegen ihrer Bedeutung nimmt man gerne an – und diese Geschichte wird auch oft erzählt –, dass die Nonnen bei der Erstgründung des Klosters diese aus Schwaben mitgebracht hätten und sie seither Mittelpunkt der Andacht gewesen sei. Kunsthistoriker gehen heute aber von einer Entstehung im zweiten Viertel des 14. Jahrhunderts in einer heimischen Werkstatt, wahrscheinlich in Salzburg, aus.

Bei allen Führungen durch unser Kloster wird der Kreuzgang gezeigt und ein Halt bei der Madonna gehört dazu. Sie ist fast das einzige Kunstwerk, das uns aus der frühen Zeit unseres Klosters erhalten ist. Für uns ist diese Statue aber nicht nur von kunsthistorischem Wert, sie erinnert uns nicht nur an die Zeit der Nonnen in Schlierbach, für uns ist sie ein Platz des Gebetes, der Erinnerung an persönliche Feiern und Versprechen wie eben die Profess. Wir wissen aber auch, dass unser Ordensweg, unser Lebensweg hier eine letzte Station machen wird, bevor wir in der gegenüberliegenden Gruft oder am Ortsfriedhof bestattet werden.

Ihr gütiger Blick gilt allen Menschen und lädt alle ein, hier und an vielen Orten ein „Salve Regina" zu sprechen oder zu singen.

Zwischen den Blumen der Tugend

Teresa von Ávila

Wer mit dem geistlichen Leben beginnt, ist wie jemand, der einen Garten anlegen will, damit sich der Herr darin gern ergehe. Sein Grundstück ist wild und voller Unkraut. Seine Majestät (Gott) rodet es und setzt schöne Pflanzen ein. Dann aber müssen wir uns bemühen, mit der Hilfe Gottes selbst gute Gärtner zu werden, und die Pflanzen regelmäßig begießen, damit sie nicht vertrocknen, sondern wachsen, blühen und herrlich duften, damit sich unser Herr daran erfreue. So wird er denn oft in diesen Garten kommen und sich zwischen den Blumen der Tugend ergehen.

Übersichtskarte der Klöster

1 Augustiner Chorherrenstift Kloster Neustift
Via Abbazia, 1, 39040 Vahrn, Südtirol/Italien

2 Augustiner Chorherrenstift St. Florian
Stiftstraße 1, 4490 St. Florian, Österreich

3 Benediktinerabtei Maria Laach
56653 Maria Laach, Deutschland

4 Benediktinerabtei Ottobeuren
Sebastian-Kneipp-Straße 1, 87724 Ottobeuren, Deutschland

5 Benediktinerabtei Plankstetten
Klosterplatz 1, 92334 Berching, Deutschland

6 Benediktinerinnenabtei zur Hl. Maria Fulda
Nonnengasse 16, 36037 Fulda, Deutschland

7 Erzabtei St. Ottilien
Erzabtei 1, 86941 St. Ottilien, Deutschland

8 Kloster Hornbach
Im Klosterbezirk, 66500 Hornbach, Deutschland

9 Stift Admont
Kirchplatz 1, 8911 Admont, Österreich

10 Stift Kremsmünster
Stift 1, 4550 Kremsmünster, Österreich

11 Stift Schlierbach
Klosterstraße 1, 4553 Schlierbach, Österreich

12 Wallfahrtskloster Franziskanerminoriten Blieskastel
Klosterweg 35, 66440 Blieskastel, Deutschland

13 Zisterzienserabtei Stift Heiligenkreuz
Markgraf-Leopold-Platz 1, 2532 Heiligenkreuz, Österreich

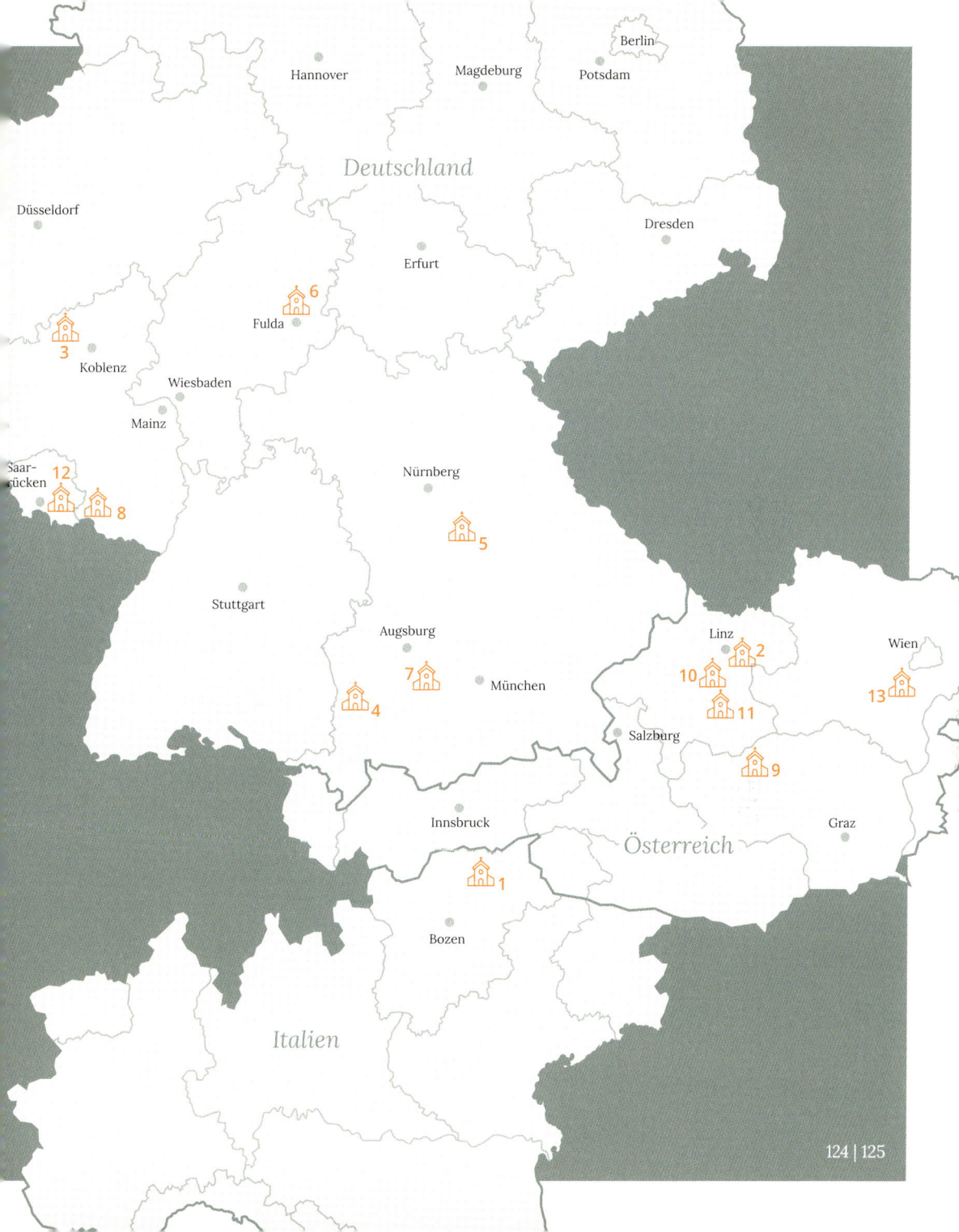

Hannover

Magdeburg

Berlin

Potsdam

Deutschland

Düsseldorf

Dresden

Erfurt

6

Fulda

3

Koblenz

Wiesbaden

Mainz

Saar-
brücken

12

8

Nürnberg

5

Stuttgart

Augsburg

7

4

München

Linz

2

10

11

Wien

13

Salzburg

9

Innsbruck

Österreich

Graz

1

Bozen

Italien

124 | 125

Bildnachweis

Fotografien

Vignetten

- S. 5,7,22,34,81,120: © FingerMedium / GettyImages
- S. 9: © VICTOR / GettyImages
- S. 11: © vectorK / shutterstock
- S. 12: © lushik / GettyImages
- S. 25,26,29,39,108: © Sabine Hanel / Gestaltungssaal
- S. 37,52,54,72,107,123: © Tartila / shutterstock
- S. 56: © Best-Icon / shutterstock
- S. 58: © Marish / shutterstock
- S. 67: © Denys Koltovskyi / shutter-stock
- S. 78: © LueratSatichob / GettyImages
- S. 82: © da-vooda / GettyImages
- S. 101: © RLT_Images / GettyImages
- S. 102: © Vectoniverse / shutterstock
- S. 124,125: © rambo182 / GettyImages
- S. 125: © Oleg Chepurin / GettyImages

Textnachweis S. 7:

- David Steindl- Rast OSB, in „Buch der Stille und der Ruhe", hg. von Michael Fischer, mit einem Vorwort von David Steindl-Rast OSB, Verlag Herder, Herder Spektrum 2003

Umschlaggestaltung: Verlag Herder

Umschlagmotiv: © Sr. Christa Weinrich / Benediktinerinnenabtei Fulda

Gestaltung Innenbereich und Satz: Gestaltungssaal, Rohrdorf

Herstellung: Graspo CZ, Zlín

Printed in the Czech Republic

ISBN 978-3-451-39042-5